rororo sport
Herausgegeben von Bernd Gottwald

Klaus Lubbers

VOM TROTTEN
Die Kunst des gemächlichen Laufens

Mit Zeichnungen von
Matthias Wagner

Rowohlt

Originalausgabe
Veröffentlicht im Rowohlt Taschenbuch Verlag GmbH,
Reinbek bei Hamburg, Mai 1995
Copyright © 1995 by Rowohlt Taschenbuch Verlag GmbH,
Reinbek bei Hamburg
Umschlaggestaltung Peter Wippermann/Jürgen Kaffer
Foto: Rodale Stock Images/RUNNER'S WORLD
Satz Garamond und Optima PostScript Linotype Library,
QuarkXPress 3.31
Gesamtherstellung Clausen & Bosse, Leck
Printed in Germany
1690-ISBN 3 499 19420 1

Inhalt

Vorwort 8
Prolog: Vom Trotten 10

Wie ich ans Trotten kam 15
Wie ich meine Wege fand 28
Wie sich meine Strecke anfühlt 34

Von der Tageszeit 39
Vom Ritual 46
Vom Atmen 52

Wohin? 59
Wie oft, wie weit, wie schnell? 65
Was wenn nicht trotten? 74

Von den Schuhen 80
Von der Bekleidung 85
Von der Buchführung 90

Vom Strecken und Stärken 94
Von den Wehwehchen 99
Vom Schaden und Nutzen 104

Vom Wetter 109
Von den Jahreszeiten 111
Von anderen Waldwesen 117

Von der Motivation 125
Von der Kontinuität 131
Von den Folgen 134

Epilog: Von Laufbüchern 141

Für Verena

Vorwort

17. Januar 1993. Heute kam mir der Gedanke in den Sinn, meine Erfahrungen als Trotter zu Papier zu bringen. Ich möchte Klarheit darüber gewinnen, was mir ein knappes Jahrzehnt als Gelegenheitstrotter eingetragen hat; wie ich weitertrotten könnte; wo ich meine Trottgrenze ziehen sollte; was mich von den divergierenden Vorstellungen der Gurus, denen ich mancherlei verdanke, letztlich doch trennt. Ich mache mich an die Arbeit, weil ich ein auf mich zugeschnittenes Trottbuch vermisse. Niemand könnte es für mich schreiben. Daher schreibe ich es für mich selbst. Wird es publiziert, mag es Menschen gefallen, die ähnlich empfinden wie ich. Belehren will es keinen, bekehren schon gar nicht.

Achtzehn Monate später, wo das Manuskript *steht,* stelle ich fest, daß *Vom Trotten* sich weitgehend von selbst schrieb. Während ich trottete, kamen mir Einfälle, die ich nach der Rückkehr notierte und später ausarbeitete. Manchmal überfielen mich so viele, daß ich mich nicht mehr an alle erinnerte. So wurde *Vom Trotten* für mich ein weiteres Indiz für den engen Zusammenhang von Bewegung und Denken. Nicht nur wandle ich von Kindesbeinen an gern umher; auch fand ich vor langer Zeit heraus, daß körperliche Bewegung, gleich welcher Art, meinen Geist lockert und meine Gedanken beflügelt. Einfälle kann ich nicht erzwingen; aber ich kann die Voraussetzungen dafür schaffen, daß sie sich einstellen. Die besten Ideen kamen mir stets draußen, wo wir einst alle lebten. Wenn ich früher am Schreibtisch nicht weiterkam, ging ich, ohne sonderlich darüber nachzudenken, hinaus, und kam beim Wandern weiter. Ich erinnere mich einer kurzen Phase, während der ich Stift und Papier mit mir trug. Fiel mir etwas ein, hielt ich es fest. Eines Tages kam ich dergestalt neben einem Feld nieder, auf dem Bauersleute Spargel stachen. Überrascht sahen sie mich an.

Das nahm ich ihnen nicht übel, wußten sie doch nicht, daß auch ich eben meine unsichtbare Ernte einfuhr. Dabei befand ich mich ihnen gegenüber im Vorteil, denn während sie nach ihrer feinfühlig graben mußten, tat mir meine den Gefallen, unaufgefordert an die Oberfläche zu steigen. Dennoch kam ich mir in jenem Augenblick recht blöd vor, und fortan verzichtete ich auf Schreibutensilien. Ich vertraute darauf, daß die unterwegs reifenden Früchte sich auch nach der Rückkehr noch greifen ließen. Meist taten sie mir den Gefallen.

Vom Trotten handelt ausschließlich von meinen Erfahrungen und nicht von denen anderer. Ich möchte sie nicht verallgemeinern. Es sind die Aufzeichnungen eines Ehrgeizlosen, der herausfand, was ihm guttut. Der einzige Mensch, mit dem zusammen ich eine kleine Weile trottete, ist meine Tochter. Während der Zeit ihrer Banklehre verspürte sie das Bedürfnis nach mehr Bewegung, als der berufliche Alltag ihr zugestand. Das freute mich, entdeckte sie doch nach Jahren den verlorengeglaubten ursprünglichen Bewegungsdrang wieder. Stets bin ich hinter ihr hergezuckelt, nie voran. So konnte ich erleben, wie ein junger Mensch trabend schnell seinen Rhythmus fand. Nun geht sie, auch trottend, ihre eigenen Wege.

Prolog: Vom Trotten

Gerade hatte ich es mir in der DC 10 der Lufthansa auf dem Rückflug von Boston nach Frankfurt so bequem gemacht, wie es im Pferch ihrer Touristenklasse eben geht, um mich der Lektüre einer neuerschienenen Anleitung zum Marathonlaufen zu widmen, als mein bis dahin schweigsamer Sitznachbar unvermittelt wissen wollte: «Are you a runner?» Die Frage zu bejahen fiel mir schwer. Den Rundtrott in meinem Wäldchen als *running* zu bezeichnen, wäre mir hochgestochen vorgekommen. Ich dachte nach und erwiderte schließlich: «Not quite that, but I'm a bit of a jogger.» Das verstand der Mann. Wir kamen ins Gespräch. Wie richtig ich mit meiner zurückhaltenden Antwort lag, ging mir in der folgenden Stunde auf, als sich ergab, daß dieser stille Mittvierziger, ein *chip*-Entwickler aus Burlington in Vermont, bereits mehrere Marathonläufe absolviert hatte und die Teilnahme an weiteren keineswegs ausschloß. Ich empfand Respekt. Noch mehr nahm mich für ihn ein, daß er trotz beachtlicher Laufleistungen seine Seele nicht an den Ehrgeizteufel verloren hatte, denn er lief gar nicht regelmäßig. Vielmehr hatte er in den letzten Jahren die Freuden des Radfahrens entdeckt und das Laufen einstweilen ganz drangegeben. Im Sommer pflegte seine Familie mit dem Auto in ihr Häuschen auf Cape Cod vorauszufahren, während er, der Büromensch, in zwei oder drei Tagen bis Boston hinterherradelte, um von dort mit dem Boot zu den Seinen überzusetzen.

Das neudeutsche Wort *Jogging* trifft durchaus die Art, in der ich mein Wäldchen durchquere. Im Englischen bedeutete es einst ‹ein Pferd antreiben›. Auch diese Vorstellung entspräche meinem Laufstil, denn bisweilen, wenn ich einen miesen Tag habe, bin ich Pferd und Kutscher in einem. Im übrigen meint das Verb *to jog* ‹holpern›, ‹vorwärts stolpern›, ‹dahintrotten›, ‹trapsen›, ‹stiefeln›. Auch das sind ausnahmslos Bezeichnungen, die zumindest zeitweise mein Preschen charakterisieren. Es heißt darüber hinaus ‹sich aufmachen› und ‹aufbrechen›, und welch schöneres Kompliment ließe sich für Leute denken, deren Bewegungsfreude sie von den Behäbigeren ihrer Spezies unterscheidet. Schließlich bezeichnet es ‹weitergehen› und ‹fortschreiten›; und auch mit diesem übertragenen Wortsinn identifiziere ich mich, huldigt auch er doch den Regsameren des Menschengeschlechts.

Allerdings gefällt mir weder das Lehnwort *Jogging* noch die Art, wie es seit langem über deutsche Zungen rollt. Zu seiner Verbreitung hat die Presse stark beigetragen. In den achtziger Jahren brachten Journalisten es zu wunderlicher Blüte. Sie meldeten, ein Künstler habe sich für seine Tournee *fit-gejogged*; sie sprachen von *Eiljoggern, Spazierjoggern* und, das, was sie prägten, ihrerseits vermissen lassend, *Gehirn-Jogging*. Warum nur, frage ich mich hier wie oft, ersticken wir gedankenlos unsere Sprache durch gestrandeten Wortmüll und schimpfen dann darüber, daß Westwinde ihn herantrieben? Kein Amerikaner und kein Engländer, von ihren weiblichen Pendants ganz zu schweigen, hat uns je dazu gezwungen, *Laufen* durch *Joggen* zu ersetzen. Weshalb zum Teufel sollten wir die Bezeichnung für eine dem Menschen ureigene Bewegungsform aus einer fremden Sprache borgen, so als hätten wir selbst keine für diesen Vorgang? Sicherlich haben Lehnwörter ihren Sinn. *Jazz* läßt sich kaum übersetzen; das Wort kam eben mit der Sache über den Atlantik. *Jogging* dagegen brauchen wir wie einen Kropf. Daß *Jogging* modisch wurde, liegt daran, daß ihm ein *touch* der den Menschen von der Werbung vorgegaukelten *lifestyle scene* anhaftet. Leute, die dieses Jahr *Jogging* schick oder *in* finden, mögen im nächsten einem ganz anderen Zeitvertreib aufsitzen. Sie wollen von jenen Geschäftemachern betrogen werden, die ihnen einflüstern, wie sie zu leben hätten. Ich gebrauche statt *Jogging* (oder *Joggen*, was die Sache auch nicht besser macht) das vermeintlich biedere *Trotten*.

Wohl bleibt auch *Trotten* ein aus romanischen Gefilden eingewandertes Wort, aber es fühlt sich bei uns immerhin seit dem 16. Jahrhundert wohl, und Deutsche haben es ihrer Aussprache angeglichen. Natürlich fiel ihnen das hier auch leichter. Übrigens ist *Trotten* urdeutsch, denn die Franzosen holten es ihrerseits bereits im Mittelalter über den Rhein. *Trotten* gehört mir. Es paßt zu mir. Ich empfinde mich als *Trotter*, nicht als *Jogger*. Damit nicht genug: da ich meine Schritte am liebsten in meinem Wäldchen beschleunige, fühle ich mich als *Waldtrotter*.

Sicherlich ist *Trotten* nicht die eleganteste Bezeichnung für menschliche Fortbewegung. Das Wort erinnert an eine der gemächlicheren Gangarten des Pferdes, den Trab. Häufig hat es die Nebenbedeutung stärkeren Auftretens. Stampfen mußte einst vor allem der *Trott*knecht, wenn er, vom *Trott*meister beaufsichtigt, die Weintrauben mit den Füßen zertrat. Der Wolf, das schöne und verkannte Tier, trottete einst frech, so meinten die Menschen, um ihre Dörfer. Menschen trotten langsam und schwerfällig. Ihrem Trotten hängt etwas Eintöniges, Müdes, ja Schläfriges an. *Trotten* klingt leicht abwertend. Man spricht vom alltäglichen Trott und davon, daß alles seinen gewohnten Trott gehe. Auch klingt das verwandte *Trottel* für solchermaßen Apostrophierte wenig schmeichelhaft. Und das *Trottoir* war noch nie mein bevorzugter Parcours. Andererseits gefiel mir in meiner beschwingteren Zeit der *Foxtrott* wegen der zügigen Harmonie seiner Schrittfolge, und der *Globetrotter* beeindruckt mich noch immer durch seine Weltläufigkeit, was übrigens der *Weltenbummler* auch täte. So kann ich mit *Trotten* gut leben, zumal es Elemente enthält, die ich schätze: die Gemächlichkeit der Fortbewegung, ihre Behaglichkeit, Richtigkeit, Natürlichkeit, Gleichmäßigkeit, Selbstverständlichkeit, alles Eigenschaften, die ja auch im Bild des Fuchsgangs stecken.

Trotten, da bin ich mir ziemlich sicher, meint menschliche Bewegung schlechthin, eine stetige, gewohnheitsmäßige, vielleicht eine etwas plumpe. Was soll's? Fest steht für mich, daß es den Menschen besser ginge, trotteten sie mehr. Wer trottet, tut viel für sich (und dadurch ganz nebenbei manches für seine Nächsten) und richtet, während er trottet, keinen Unfug oder gar Schaden an. Täglich trottende Politiker würden dem Gemeinwohl gleich mehrfach dienen. Zum Beispiel gäbe ihnen die Übung Gelegenheit, ausnahmsweise einmal etwas ersichtlich Ehrliches abzusondern, ihren Schweiß, und etwas nachweislich zu fördern, ihre Gesundheit. Darüber ernsthaft nachzudenken lohnte sich für ein Wahlvolk, das schweigend hinnimmt, wie sich diese nur mit dem Mundwerk oder im Fond ihrer Karossen mobile Kaste spreizt und auf anderer Leute Kosten schadlos hält.

Wer es beim Laufen schneller, schärfer und schwungvoller liebt, mag an *Traben* Gefallen finden, einem gleich *Trotten* lautmalerischen Wort ebenfalls mit Anleihen aus dem Pferdeleben. Auch ich trabe mitunter, leicht oder hoch oder sanft oder auch mal scharf. Am Anfang meiner Waldrunde, wenn es gilt, die trägen Muskeln zu wecken, bringe ich mich ganz langsam auf Trab. Dann halte ich mich auf Trab, so gut es geht. Gegen Ende aber mache ich oft noch mehr Trab dahinter. Traben kündet ebenso von überlegener Kraft wie von gemütlicher Gelassenheit der Bewegung.

Trotte ich in meinem Wäldchen dahin, werden nach einer Weile ganz unvermittelt meine Gedanken und Empfindungen frei. Komme ich nach zwei bis drei Kilometern erst richtig in Trab, kann ich mich auf alles Mögliche einlassen. Meine Strecke ist mir in allen Einzelheiten bekannt; mein Tempo ergibt sich von selbst; ich bewege mich selbstvergessen. Das alles wäre mir kaum möglich, würde ich einfach nur laufen.

Nichts gegen *Laufen*. Aber *Laufen* bleibt das Allerweltswort. Das Kind lernt laufen; es laufen eine Hündin, eine Nase, eine Masche, ein Film, ein Radio, ein Prozeß, ein Abonnement, ein Wechsel, eine Laus über die Leber, eine Feder über das Papier. *Joggen, Trotten* und *Traben* verbindet der Gedanke des Gemächlichen. Vierbeiner gehen, soweit sie von Menschen in Ruhe gelassen werden, ohnehin ihre eigenen Wege. Alle möglichen Katzen trotten täglich seelenruhig an meinem Arbeitszimmer vorbei. Da der Schreibtisch am Fenster steht, kenne ich die flanierenden Miezen seit langem aus nächster Nähe. Sie mich aber auch, denn selten passieren sie, ohne sich zu vergewissern, ob der Sitzling vor Ort weilt. Früher scheuchte ich

sie, bevorzugten sie für ihre Hinterlassenschaften doch den Sand just jenes Kastens, den ich für das Kind und seine Spielgefährten gebaut hatte. Heute, da das Kind groß ist und Sandkasten und Schaukel längst einem Gartenhäuschen Platz gemacht haben, beobachte ich sie still und lerne von ihnen. Von Menschen, die es solchen Kreaturen nachtun, denke ich mir dabei, fielen Hast und Ehrgeiz ab. Von solchen zufriedenen Wesen handelt mein Buch.

Manchen mag meine Unterscheidung von *Running, Jogging, Laufen, Trotten* und *Traben* wie Wortklauberei erscheinen. Das ist sie jedoch keineswegs. Obwohl Wörter der von uns erfahrenen Wirklichkeit kaum je randlos aufsitzen, gibt es doch welche, die dem Gemeinten deckungsgleich erscheinen. Zwischen Wort und Sinn, Wort und Tun entsteht dann eine wesentliche Verbindung. Denke ich ans Trotten, gewinne ich eine ganz bestimmte Vorstellung von der Art meiner Fortbewegung. Sie stimmt mit meinem Laufstil überein. Zu diesem Stil habe ich erst mit der Zeit gefunden. Nun erkenne ich, daß das Wort *Trotten* zu ihm paßt.

Wie ich ans Trotten kam

Ich bin beileibe kein geborener Läufer, vielmehr ein alter Wanderer. Meine Motorik ist ausgeprägt. Ich empfinde das Bedürfnis, mich zu bewegen. Darin gleiche ich vielen Menschen, aber im Unterschied zu den meisten verschaffe ich meinem Bewegungsdrang, wenn es irgend angeht, konsequent Raum. Ohne viel darüber nachzudenken, unterbreche ich längere Sitzperioden. Ich stehe auf, gehe durchs Zimmer, durchs Haus, durch den Garten. Wenn ich im Büro bin, wandere ich im weitläufigen Gebäude umher. Ich treffe auf Menschen, mit denen ich plaudere. Diesen Rundgängen verdanke ich das einzige persönliche Gespräch mit einem Mann, den ich sehr schätzte und der kurz darauf hinschied. Dann kehre ich an den Schreibtisch zurück, um weiterzumachen, nach Möglichkeit jedoch in einen Sessel, und lege beim Arbeiten die Beine hoch. Der Mensch, meine ich, soll sich bewegen oder liegen, aber so wenig wie möglich sitzen. Nun, wo ich darüber nachdenke, begreife ich den tiefen Sinn meiner beiden weit auseinanderliegenden Arbeitszimmer, die mich täglich oft dutzendemal zwingen, gedankenverloren hin und her zu pilgern, um etwas zu holen, das ich nach beendeter Arbeit prompt an seinen alten Platz zurücktrage. Oft schleppe ich ganze Bücherstapel, und so habe ich im Haus bisher sicherlich viele Kilometer zurückgelegt und manche Tonne auf und ab bewegt. Jetzt verstehe ich auch meinen instinktiven Widerwillen gegen Sitzungen. Ziehen sie sich in die Länge, was oft und dann meist durch eitles Geschwätz passiert, oder arten sie gar in Tagungen aus, streiken Körper und Geist.

Am Schulsport fesselte mich wegen seines raffinierten Bewegungsablaufs als erstes der Hochsprung. Nicht Schnelligkeit zählte hier, sondern Technik. Auf einem Wiesenfleckchen der väterlichen Gärtnerei übte ich mit einer primitiven Vorrichtung, zwei in die Erde gesteckten Stäben und einer quer darübergelegten, beidseits mit Steinen beschwerten Schnur, die Eleganz des Abhebens. Es war mein ureigenes Terrain. Ich konnte mir Zeit lassen, und niemand sah mir zu. Eigentlich ging es mir nur um das Gefühl, die Erdenschwere zu überwinden. Dann nahm mich die Ästhetik des Werfens gefangen. Ich kaufte mir einen Diskus, darauf einen Speer und schließlich eine Zehn-Pfund-Kugel. Bald warf ich die Kugel spielerisch so weit, daß ich, wann immer erforderlich, für meine Zeugnisnote hervorragend punktete. Sie, deren geworfene Kurve ich liebte, war dem Turnlehrer überzeugendes Argument, mich auf seiner Skala hoch anzusiedeln. Was aus dem Trumm geworden ist, weiß ich nicht mehr. Der schulisch kaum verwertbare Eschenspeer zerbrach eines Tages, und der karrieremäßig gottlob ebenfalls neutrale Diskus, dessen harmonische Abwurfbewegung es mir am meisten angetan hatte, fiel unauffindbar in ein Gebüsch. Viele Jahre später fand ihn mein Vater; das Holz war verrottet, das Eisen verrostet.

Ich erinnere mich, daß ich für kurze Laufstrecken durchaus zu haben war. Obwohl die geschotterte und im Falle eines Sturzes hautschürfende 60-m-Strecke auf dem Pausenhof meiner Penne leicht bergauf führte, fand ich es spannend, meinen Kombattanten beim Start einige Dezimeter abzuluchsen. Dagegen scheute ich die Strapazen des 1000-m-Laufs. Die im Turnabitur für eine Zwei erforderliche 1000-m-Zeit zu erreichen – ich lief 3:15, und das reichte damals – gelang mir nur mühevoll. Mit einem Minimum an intelligenter Anleitung hätten wir sicherlich Spaß an längeren Distanzen bekommen und nebenbei auch unsere Zeiten erheblich verbessert. Welcher junge Mensch würde sich nicht lieber bewegen als herumsitzen? Aber kein Turnlehrer weihte uns in die Geheimnisse des Laufens ein. Wahrscheinlich hätte er selbst der Anleitung bedurft. Damals lief niemand, außer vor etwas davon oder hinter etwas her.

Was von uns in den wöchentlich zweimal 45 Minuten erwartet wurde, trug den Namen Turnunterricht völlig zu Recht. Mit Sport, gleich wie verstanden, hatte es wenig zu tun. Riegenweise hampelten wir in der schweißgeschwängerten Halle herum, hangelten an speckigen Tauen empor, quälten uns an Pferd und Barren ab, überlegten uns, während der Lehrer mit gezückt über dem Notenbuch schwebendem Stift unseres Abgangs vom Hochreck harrte, ob wir risikoarm flanken oder riskant grätschen sollten. All das war Krampf und Angst, nicht Spiel und Lust. Der gnadenlose Regeldrill des Friedrich Ludwig Jahn hatte eben wie manch andere traditionelle Form deutscher Sozialisation die Ära des Tausendjährigen Reiches schadenfrei überstanden. Erst rückblickend begreife ich, warum der Turnvater während der Zeit der napoleonischen Herrschaft solche Leibesübungen als vormilitärische Jugenderziehung betrachtete. Nur scheinbar bot in der Oberstufe der Platz in einem Vierer mit Steuermann Abwechslung, denn das Ritual der Ruderer brachte seine eigenen Exerzitien mit sich. Wie beim Laufen ging es hier um Schnelligkeit, damit um das Ausstechen der Konkurrenz. Sie zu Mitläufern zu degradieren war das Ziel. Hatte man sie, während man selbst kaum noch keuchen konnte, im Visier, waren sie geliefert. Ich war vom Regen in die Traufe geraten. Heute betrachte ich die Tatsache, daß ich justament zu jener Zeit, daheim mit dem Aussägen der acht Spanten beginnend, eigenhändig in der Schreinerei meines Onkels ein Paddelboot baute, als gelungenen Versuch, der Fron der Dollen zu entrinnen. Als es fertig war, fünfeinhalb Meter lang und in eleganter Tropfenform dem Wasser den geringstmöglichen Widerstand bietend, brachte ich es in der Scheune eines Bauern am Rhein-Herne-Kanal unter, wo es per Rollenaufzug unter die Dachsparren schwebte. In diesem Gefährt ließ es sich herrlich dahinschippern und tagträumen.

Meinen stillen Hang zum Wandern entdeckte ich als Kind. Die manchen meiner Mitmenschen unbegreifliche Leidenschaft, die mich noch heute ins Hochgebirge zieht, brach aus, als ich siebzehn war. Das Fernweh trieb mich nach Österreich. Mit meinem Freund pilgerte ich in den Hohen Tauern von Uttendorf das gottverlassene Stubachtal hinauf. Wer machte damals schon Urlaub? Wir rasteten an einem Wasserfall, kochten das bewährte Menü, Erbsensuppe und Tee, wuschen unsere Strümpfe, verpflasterten unsere Blasen und erreichten abends Enzingerboden, wo wir eine freundliche Familie antrafen, in deren Heuschober wir nächtigten. Am Sonntag kletterten wir nach Edelweiß, dessen Standort uns der Herr des Hauses verraten hatte, waren begeistert von der, um fündig zu werden, erforderlichen Kletterei in steilem, zudem brüchigem Fels, gingen weiter und kamen auf die Rudolfshütte, neben der damals noch der Weißsee lag und kein aufgestautes Monstrum. Am Montag entdeckten wir die Urnatur, sahen, wie ich damals pathetisch notierte, «erstmals den Schneekranz der Dreitausender» und beschlossen, einen dieser ragenden Gipfel zu ersteigen. Da wir in kurzen Hosen und Halbschuhen reisten und uns infolgedessen scheuten, die fremde Welt eines Gletschers zu betreten, kam nur ein Felsenberg in Frage. So erklommen wir im dünnen Trainingsanzug und mit abgelatschten Sohlen das elegante Horn der 3086 m hohen Granatspitze über deren recht ausgesetzten Ostgrat.

Die Aufzeichnungen jenes Sommers überschrieb ich *Mein Fahrtenbuch*. Das Wort *Fahrt* assoziiere ich heute mit *Vorfahrt, Autofahrt, Hin-* und *Rückfahrt*. Einst meinte *Fahrt* eine Himmel- oder Höllenfahrt, in meiner

17

Jugend jedoch einen schlichten Ausflug oder eine Wanderung. *Fahrt* bedeutete für mich und meinesgleichen jede Bewegung vom Heimatort in die unweigerlich lockende Ferne, gleich wie und wohin, meist jedoch per Rad oder auf Schusters Rappen und oft genug lediglich ins nahe Münster- oder Sauerland. Und immer erfüllte uns, die wir in Gruppen fuhren, eine Weile der unsägliche Reiz unbeschwerten In-den-Tag-Hineinlebens.

In den Folgejahren wurde das Bergsteigen für meinen Freund und mich zum Elixier. Mit einundzwanzig überlegte ich ernsthaft, ob ich nicht als Bergführer mein ganzes Leben lang auf- und absteigend in der Natur zubringen sollte. Ich hatte bereits einige der damals erstrebenswerten Eiswände Tirols durchstiegen und war auf dem Sprung nach höheren und steileren westalpinen Zielen. Ich glaubte, von meinem Vertikaldrang fürderhin durch Führungen, Vorträge und Bücher existieren zu können. Doch ließen sich zwei Wege zugleich nicht gehen. So sah ich bald nur noch den breiteren flachen und fand mich unversehens den öden Spielregeln der Gesellschaft der frühen sechziger Jahre ausgeliefert. Diese leidige Phase hielt mich von Gletschern und Graten lange fern. Alle möglichen Dinge hatte ich im Kopf, alle hemmten meinen Bewegungsdrang und schadeten meiner Gesundheit. Die Berge hatte ich fast vergessen. Mein mit zwanzig bereits bedenklich hoher Nikotinspiegel stieg weiter an. Mit vierundzwanzig begann ich, mich mit Yoga zu befassen, aber nur halbherzig und daher folgenlos. Als junger Mensch erkannte ich den schleichenden Prozeß nicht, der binnen weniger Jahre die meisten von uns lebenslang paralysiert. Das Yoga-Intermezzo sollte dreißig Jahre lang der einzige Versuch bleiben, dem durch die Zwänge unserer maroden Kultur unausweichlichen Verfall des Individuums entgegenzuwirken.

Als ich dreißig geworden war, lebte ich ein Jahr in einem idyllischen neuengländischen Collegestädtchen. Alles zum Trotten erforderliche Wissen hätte ich bereits damals direkt von Ray, meinem amerikanischen *upstairs neighbor*, lernen können. Schon damals pflegte dieser grundvernünftige Mensch frühmorgens lange Strecken zu laufen, und bisweilen hörte oder sah ich ihn, während ich beim Kaffee saß und meine erste Zigarette rauchte, wieder auf das Haus zusteuern, «huffing and puffing», wie er seine Odysseen bescheiden herunterspielte. Mir wäre es im Traum nicht eingefallen, über sein eigentlich doch so bemerkenswertes Gebaren nachzudenken oder ihn nach seinen Motiven zu fragen oder es ihm gar trottend nachzutun. Warum wohl nicht? Ray, so mag ich damals dumpf empfunden haben, gehörte einfach einer anderen Spezies an. Damit war der Fall für mich offenbar erledigt. Meine Gleichgültigkeit, die ich heute als *Trotte*ligkeit erkenne, hatte wohl damit zu tun, daß wir Menschen dazu neigen, die Richtigkeit unserer eigenen Pfade nicht zu bezweifeln und die unserer Nachbarn einfach zu ignorieren, vor allem dann, wenn wir uns eingestehen müßten, daß die ihren vielleicht doch die besseren wären. So leben wir nebeneinander her, ohne voneinander zu lernen. Ein herrlicher Winter kam, und ich brachte Ray ans Skifahren. Der Schnee schmolz, und wir begannen zu zweit, die Berge der Umgebung abzugrasen, Wege durch den Urwald bahnend und Mücken, Klapperschlangen und giftigem Efeu trotzend. Heute hat Ray die Sechzig überschritten. Er wohnt mit seiner Frau Ilga eine halbe Autostunde nördlich des Collegestädtchens in einem neugebauten Haus auf riesigem Waldgrund. Er, der in der Asphalt-Öde einer texanischen Großstadt Aufgewachsene, rodet nun seine Lichtungen, fällt seine Bäume, hackt seine Scheite, schöpft aus seiner Quelle, hat vollends zum natürlichen Leben gefunden, soweit das heute noch möglich ist. Grünen aller Nationen wäre er glänzendes Vorbild, auch durch sein Schweigen beim Tun. Sie könnten von ihm lernen. Ray und Ilga haben inzwischen zahllose *road races* und etliche Marathonläufe bestritten. Auch heute entsprächen ihre hochgesteckten läuferischen Ideale weder meinen Fähigkeiten noch meiner Natur. Andererseits hätte ich bereits mit dreißig über Rays Beispiel den Weg zu dem mir heute natürlich erscheinenden Trottrhythmus finden können und dadurch zu einer mir gemäßeren Art, meine Tage zu verbringen.

Warum tat ich das damals nicht? *Jogging* war niemandem ein Begriff, weder in den USA noch daheim. Was Ray allmorgendlich inszenierte, empfand ich vielleicht als einzigartig, jedenfalls aber nicht als nachahmenswert. Ray lebte in einer anderen Welt. Auch einem noch nicht ernsthaft erkrankten Kettenraucher erscheinen Nichtraucher ja eher bemitleidenswert als vorbildlich. Offenbar trug ich damals aus Kindheits- und Jugenderfahrungen noch ein intaktes Körperbild in mir, oder ich zehrte bereits von der Erinnerung an eine bereits trügerisch sich besonnende alpine Vergangenheit und sah es, da ich irrigerweise annahm, noch einigermaßen in Form zu sein, als selbstverständlich an, daß mir jede zur Besteigung auch hoher und schwieriger Berge erforderliche körperliche Anstrengung auf Anhieb gelingen würde. Erst sehr viel später, als ich, obwohl inzwischen von der Nikotinsucht befreit, körperlich immer mehr verfiel, während Ray und Ilga in ihren Altersgruppen bei Volksläufen ein T-Shirt nach dem anderen sammelten, gab mir ihr Tun Anlaß nachzudenken. Zwar lag mir auch dann noch der Gedanke fern, es ihnen gleichzutun; aber mich, den zur *couch potato* Verkommenen, begann doch zu beschäftigen, in welcher Verfassung meine transatlantischen Freunde sich befanden.

Die Gelegenheit, das zu erkunden, bot sich eines schönen Septembermorgens, als ich mit beiden einen meiner Lieblingsberge aus früheren Tagen, den 3606 m hohen Similaun, bestieg und Zeuge ihrer ausgezeichneten Kondition wurde. Während ich auf dem Gletscher oberhalb des Marzellkamms vorn am Seil gewissenhaft und, wie im Hochgebirge üblich, würdevoll vor mich hinschweigend die Pace machte, plauderten Ray und Ilga hinter mir nach Herzenslust. Nicht nur gefiel ihnen die Tour: ich bemerkte, daß sie ihnen offenbar auch weit weniger ausmachte als mir. In jener Woche schien ihre einzige Sorge darin zu bestehen, sich möglichst viele Kohlehydrate einzuverleiben, denn beide standen kurz vor ihrem nächsten Marathonlauf. Nie werde ich vergessen, in welch kopfgesteuerter und für den frankophilen Gourmet in mir abschreckender Manier sie am reichen Frühstücksbuffet des Venter Hotels ihre Naturstoffmast komponierten. Gleichwohl war für mich die Ötztaler Erfahrung lehrreich, denn sie übte auf meine bis dahin eher halbherzig betriebene Waldtrotterei einen nachhaltigen Motivationsschub aus. Langsam gewann meine Runde im Wäldchen für mich an Sinn und Bedeutung.

Doch muß ich zu meiner trägen Lebensphase zurückkehren, um mich endgültig von ihr zu verabschieden. Meinen spärlichen Aufzeichnungen aus jenen Jahren entnehme ich, daß ich mit dreiunddreißig einige Acht-Minuten-Läufe unternahm, und zwar ausgerechnet im Dezember. Ich vermute, daß ich damals nicht in der Lage war, auch nur neun Minuten durchzuhalten; erinnern kann ich mich beim besten Willen nicht mehr an diese kuriosen, aber symptomatischen Exkursionen. Mit fünfunddreißig hatte ich meinen körperlichen Tiefpunkt erreicht. Daß der physische Niedergang dem beruflichen Aufstieg parallel lief, ging mir erst viel später auf. Ich war arriviert und übergewichtig. Jede forcierte Bewegung brachte mich ins Schwitzen. Der Sommer jenes Jahres, den ich wann immer möglich der Anlage meines Gartens ums neugebaute Haus widmete, zeigte mir die Grenzen meiner Belastbarkeit auf. Nachdem ich auf dem zusammen mit meinem Vater planierten Ödland den ersten hellgrünen Rasenflaum erspäht hatte, erstand ich drei Bücher, *Schlaf dich gesund, Streß bedroht unser Herz* und *Fit mit vierzig und später*. Wenn ich in dem Schlafbuch, dem mit Abstand dicksten des Trios, bis heute nur sporadisch gelesen habe, so wohl deshalb, weil es mir durch seine Langatmigkeit nach kurzer Lektüre un-

weigerlich zu dem in seinem Titel verheißenen Ergebnis verhalf. Das Streß-
buch gab mir mehr zu denken, predigte es mir doch die einleuchtende Botschaft des goldenen Mittelweges. Unbeschwert solle man vor sich hinleben,
von übertriebenem Ehrgeiz ablassen und keine allzu hohen Forderungen
an sich stellen. Solche Ratschläge vernahm ich gern. Nur befand ich mich
in einer beruflich zermürbenden Lebensphase. Die erlangte Würde brachte
eben auch Bürden. Letztere mißverstand ich eine ganze Weile als Ehren.
Ich erkannte nicht, daß ich trug, was Ältere mir routinemäßig, aber auch
Bequemere mir listig zuschusterten. Gern redete ich mir ein, einstweilen
keine Zeit für das zu haben, was doch schon damals so vernünftig gewesen
wäre. Die große Wende, dachte ich, könne ja noch kommen. Noch war ich
ja nicht vierzig. Und so trieb ich weiter den Strom der westlichen Kultur
hinab, gelegentlich eine Untiefe nutzend, um eine Pirouette zu drehen.

Das Fitneßbuch hätte mich um ein Haar auf den rechten Weg gebracht.
Es appellierte an mich, traf es doch, indem es von Zivilisationskrankheiten
sprach, den Kern meines Problems. «Es sind Verdauungsstörungen, Ge-
schwüre am Magen und Zwölffingerdarm, Kreislaufversagen und Atem-

störungen», las ich dort erstaunt über die Folgen meiner Lebensweise, das holperige Deutsch des sicherlich drastisch unterbezahlten Übersetzers nicht beachtend. «Hervorgerufen werden sie durch Mißbrauch und Nichtgebrauch: durch zu gutes Essen, starkes Rauchen, regelmäßiges Trinken von zu viel Alkohol, durch dauernde Arbeitssorgen am Tage und Familiensorgen abends zu Haus und durch zu wenig körperliche Bewegung.» (Eric Taylor, *Fit mit vierzig und später*, München: Goldmann, n.d., 7.) Anhand einer Tabelle hielt es mir vor, daß ich mein Normalgewicht bereits um 10% überschritten hatte, vom Idealgewicht ganz zu schweigen. Es empfahl mir Entspannungs-, Kreis- und isometrische Übungen und vieles mehr. Nützen tat es mir jedoch nichts – vielleicht, weil sein Verfasser sich zuviel vorgenommen und nichts davon überzeugend ausgeführt hatte. Seine Anleitung, wie man mit dem Rauchen aufhören könne, verfing bei mir nicht. Ich qualmte weiterhin täglich zwanzig Zigaretten, drei Zigarren und sieben Pfeifen und zog alle dreißig Einheiten konsequent über die Lunge. Einige Jahre später gab ich dann von einem Tag auf den anderen das Rauchen auf. Ich hatte gemerkt, daß mir die Ersteigung der Ötztaler Wildspitze – es war wohl mein achter Besuch dieses schönen Gipfels – urplötzlich schwerfiel. Die persönliche Erfahrung motivierte mich, nicht irgendein Buch.

Die eigentliche Wende ließ jedoch weiterhin auf sich warten. Sie begann sich anzukündigen, als ich bei meinem Münchner Bergausrüster per Katalog einen roten Trainingsanzug mit seitlichen Rallyestreifen bestellte. Er war, wie ich mich erinnere, im Schnitt zu eng, vom Material zu rauh und am Körper viel zu schwer. Aber er besaß starken optischen Appellwert. Insbesondere müssen es die rotweiß gewürfelten Streifen gewesen sein, die es mir antaten, denn als ich mehr als ein Jahrzehnt später den praktisch unbenutzt gebliebenen Anzug beim Entrümpeln des Berg- und Skischrankes im Keller schweren Herzens entsorgte, schnitt ich sie kurzerhand heraus. Wenigstens diesen rasanten Symbolen wollte ich für meine Trainingsfaulheit stellvertretend Abbitte leisten, indem ich sie fürderhin beim Laufen als originale Stirnbänder einem höheren Daseinszweck zuzuführen gedachte. Wirkte auf Reklamebildern Reinhold Messner mit suggestivem Stirnbandmuster über seinem verquälten Gesicht wie der leidende Christus mit der Dornenkrone, mag ich empfunden haben, ohne mir darüber Rechenschaft zu geben, wollte ich ihm zumindest als Rallyeläufer nacheifern. Getragen habe ich die Schweißbänder nie, und bald gingen auch sie den Weg allen Mülls. Immerhin beflügelte mich der rote Trainingsanzug zu einigen

Trottexperimenten, die mich vom Haus direkt ins Feld führten. Ich trabte eine zunächst ab-, sodann natürlich wieder gnadenlos aufwärts führende Runde von etwa drei Kilometern, die ich mit Frau und Kind oft spaziert war. Da in meinem Vorort außer mir niemand zu *joggen* schien, schämte ich mich alsbald meines Tuns und war darauf bedacht, meinerseits unsichtbar zu bleiben. Das gelang mir jedoch nur, wenn ich mich in aller Herrgottsfrühe davonstahl. Indessen fiel es mir nach einigen dieser heroischen Akte schwer, beim ersten Hahnenschrei loszuhetzen, und so fand auch diese Phase des Auf- und Ausbruchs ihr klägliches Ende.

Wiederum gingen Jahre ins Land. Inzwischen hatte mich mein permanentes Bewegungsdefizit nachdenklich gemacht. Anstatt mich jedoch, was nahelag, sofort und umstandslos auf- und davonzumachen, um Flur und Wald munter zu durchtraben, suchte ich abermals den Anstoß auf dem Umweg über Bücher. Von ihnen erhoffte ich Ansporn und Auftrieb, vor allem aber eine praktische Anleitung zur Verringerung meines gestiegenen Gewichts und zur Steigerung meiner proportional dazu gesunkenen Leistungsfähigkeit. «How to»-Bücher hatte ich in dieser Phase meines Niedergangs weiterhin reichlich gesammelt, nicht nur über gesunden Schlaf, Streßbekämpfung und Fitneß, sondern auch über Yoga, autogenes Training, Gymnastik und, soeben in deutscher Übersetzung erschienen, die Bewegungsfibel des amerikanischen Sportmediziners Kenneth Cooper. (Coopers Buch ist wie andere im folgenden erwähnte Anleitungen zum Laufen im Epilog aufgeführt.) Wenn einer mir helfen konnte, dachte ich, dann vielleicht dieser Astronautentrainer.

Cooper erklärte mir, was aerobische Übungen seien und welchen Wert sie für mich hätten. Er überließ mir die Wahl zwischen Laufen, Schwimmen und Radfahren. Das fand ich sympathisch, da hier kein Lauffanatiker auf Proselytenfang ging. Obwohl ich als junger Mensch Tausende von Kilometern geradelt war und manche Seen und Talsperren durchschwommen hatte, optierte ich dann doch für das Laufen, da ich meinte, so in kürzerer Zeit den erhofften Trainingseffekt zu erzielen. Cooper entließ mich jedoch nicht direkt auf die freie Bahn, sondern forderte mir einen Leistungstest ab. Ich hatte festzustellen, wie weit in zwölf Minuten zu laufen ich noch in der Lage sei. Das war leichter von Cooper gefordert als von mir getan. Ich entschied mich für eine wenig befahrene Straße, die mein Wäldchen durchschneidet, fuhr mit dem Wagen dorthin, stellte ihn ab und rannte los. Nach zwölf Minuten hatte ich gerade noch die Kraft, mir den erreichten Punkt zu merken. Ich hinkte zum Auto zurück. Dann vermaß ich die durchhechelte Strecke. Es ergab sich, daß ich in zwölf Minuten 2300 m zurückgelegt hatte. Ich fuhr heim und sah in Coopers Tabelle nach. Cooper stufte mich in *Gruppe III* = *mäßig* ein. Das verübelte ich ihm. Sollte mein körperliches Ende bereits nahen? Eine Anmerkung klärte mich jedoch darüber auf, daß Männer über fünfunddreißig bei einer Leistung von 2250 m noch der *Kategorie gut* zuzurechnen seien. Da ich bereits achtundvierzig war, fühlte ich mich durch die von diesem Guru verliehene Zwei minus dann noch bestätigt.

Den Zutritt zum Trottparadies eröffnete mir der Coopertest jedoch nicht, denn er motivierte mich nicht hinreichend. Vielmehr bewirkte er das Gegenteil. Warum, sagte ich mir, sollte ich mich täglich quälen, wenn einer, der es schließlich wissen mußte, mir attestierte, daß es um mich so schlecht eigentlich noch gar nicht bestellt sei, und das in meinem fortgeschrittenen Alter? So verstrich weitere Zeit. In meinem Wäldchen wurde eine *Trimm*strecke eingerichtet. Eine Tafel informierte *Trimm*willige über die zu absolvierenden Distanzen und honorierte die erzielte *Trimm*leistung je nach Alter. Bei unseren Spaziergängen stießen wir alsbald auf Menschen, die das auf der Tafel Angegebene exerzierten: sie *trimmten* sich, allein und in Rudeln, indem sie die markierten Wege entlangliefen, an bestimmten Stellen innehielten, einen der abgesägten Baumstämme von den für *Trimm*traber eigens installierten Stapeln nahmen und taten, was die *Trimm*tafeln ihnen vorschrieben. Hatten sie sich weidlich abgerichtet, liefen sie weiter. Auch an ein frei in der Landschaft alsbald still vor sich hinrostendes Hochreck erinnere ich mich. Das widerte mich besonders an, erinnerte es mich doch an längst vergessenen schulischen Krampf. Der Geist des Turnvaters war auch in mein Wäldchen gefahren. Eines Tages machte ich es diesen Beflissenen nach, durchmaß die Runde, hob die Stämme, stählte die Muskeln, kontrollierte das Resultat auf der Tafel und fand Grund zur Freude. Ich sei, so las ich abermals, in guter Form. Die mit dem Coopertest gemachte Erfahrung wiederholte sich. Was brauchte ich mich weiter zu schinden?

Möglicherweise war es dieser doppelte Scheintrost, der mich noch tiefer im Morast der Trägheit versinken ließ. Wahrscheinlich kam auch meine instinktive Abneigung gegen jegliche Reglementierung hinzu. Außerdem störte mich wohl, ohne daß ich sonderlich darüber nachdachte, das Wort selbst. *Trimmen*, eine Übernahme aus der englischen Seemannssprache, sickerte Ende der sechziger Jahre ins Deutsche ein und wurde später mit nicht unerheblichem Aufwand an Steuergeldern unters Volk gebracht. Etliche taten ihren Politikern den Gefallen, gruppenweise ihr Lebensschiffchen wenigstens körperlich ins Gleichgewicht zu bringen. Natürlich verebbte die Welle, zu der sich einige der feinsten politischen Pinkel eingeladen hatten, um dem zu trimmenden Wahlvolk photogen voranzuflitzen, und sei es nur einige hundert Meter weit, allzubald. Aufforderungen wie *Trimm dich fit*, die damals durch das Vaterland geisterten, stießen mich gleich zweifach ab: zum einen wollte ich mir nichts befehlen lassen, von denen, die ich gewählt hatte und alimentierte, schon gar nicht; zum anderen stieß mir auch *fit* als ein weiteres der zahllosen entbehrlichen Lehnwörter sauer auf, das gerade in *fit spritzen* eine ekelerregende, aber für unsere Kultur fast zwangsläufige Verbindung einging.

Kürzlich, als ich im Vorbeitrotten die *Trimm*tafel noch einmal ansehen wollte, stellte ich fest, daß sie einer neuen gewichen war. Diese lädt nicht mehr zum *Trimmen* ein, sondern zum Wandern. Zwar sähe ich nicht ein, warum ich beim Umherschweifen ausgerechnet dem Eichen-, Tannen-, Pilz-, Eulen-, Reh- oder Eichhörnchenweg folgen sollte, zumal ich mich in dem kleinen Waldrevier selbst dann nicht verirren könnte, wenn ich es darauf anlegte, aber beim Weitertraben registrierte ich doch befriedigt, daß der *Trimm*aufruf spurlos verhallt war, denn kurz drauf bemerkte ich, daß auch die Stapel der abgesägten *Trimm*stämme nicht mehr existierten. Vielleicht sind sie durch offene Kamine gejagt worden, dadurch vor ihrer Himmelfahrt den vor ihnen Sitzenden das mangels eigener Mobilität fehlende Naturgefühl vermittelnd und nebenbei das Ozonloch weitend.

Auf welche Weise ich endgültig ans Trotten kam, kann ich nur noch vage rekonstruieren. In meinen gesammelten Notizbüchern lese ich, daß ich seit 1986 längere Strecken gelaufen sein muß, jedoch höchst unregelmäßig. Immerhin ließ ich mich nun durch längere Pausen nicht mehr entmutigen, sondern ging fortan stets von neuem ans schweißtreibende Werk. Heute vermute ich, daß hinter dem Gedanken an den Weg in mein Wäldchen motivierend immer schon die Sehnsucht nach hohen Gipfeln stand. Mein ursprüngliches Trottmotiv galt der Vorbereitung auf weitere, höhere Alpenberge, deren Besteigung mir mit fortschreitendem Alter natürlich nicht leichter fiel. Erst in jüngster Zeit hat sich meine Motivation offenbar verlagert. Meine Freude am Trotten hat sich weitgehend verselbständigt. Mein Bewegungsdrang hat sich gewissermaßen horizontalisiert. Ich trabe nicht mehr, um hinreichend Ausdauer für Ortler, Lyskamm oder Montblanc aufzubringen, sondern um der Bewegung willen. Trotten erfahre ich inzwischen als bereichernden Teil meines Alltags.

Meine Rückkehr ins Hochgebirge, und zwar jeweils nur für wenige Tage im Jahr, begann, als ich die Lebensmitte bereits deutlich überschritten hatte. Mit fünfzig bestieg ich zusammen mit zwei Freunden meinen ersten Viertausender, das Strahlhorn, von der Britanniahütte. Die Spitze erreichten wir zwar nicht ganz, da wir die Hufe nicht ausreichend zügig schwangen und infolgedessen entscheidende Zeit verloren; aber vom Adlerpaß kamen wir doch noch ein Stückchen höher. Der wolkenlose Tag bescherte mir den ersten Blick auf die einzigartige Zermatter Bergrunde. Das Matterhorn glaubte ich greifen zu können. Wieder verstrich Zeit, bevor es mir einfiel, möglicherweise vielen, wenn nicht gar allen alpinen Viertausendern einen Besuch abzustatten. (Jetzt, wo ich diesen Satz hinschreibe, erinnere ich mich, daß mein Freund und ich vor vierzig Jahren am Dreitausender-Virus erkrankten. In meiner Studentenbude hing eine Karte Tirols, jenes Ländchens, das die größte Anzahl von Bergen dieser Kategorie im gesamten Alpenraum besitzt. In Tirol sammelten wir infolgedessen besonders eifrig. Jeden abgehakten Dreitausender verewigte ich penibel durch eine Stecknadel mit anhängendem Papierwimpelchen. Berge, die dreitausend Meter nicht erreichten, verschmähte ich. Zu ihnen zählte die Zugspitze. Es machte mir regelrecht zu schaffen, daß Deutschland keinen einzigen Dreitausender aufwies, Österreich dagegen deren achthundert. Als ich eines Tages vor lauter Wimpeln die entscheidenden Bezirke der Karte nicht mehr lesen konnte, takelte ich das Nadelwerk kurzerhand ab.)

Von den alpinen Viertausendern gibt es selbst bei konservativer Zählung mehr als fünfzig. Ich weiß nicht, in welchem Alter andere, denen es gelang, alle dieser ragenden Zähne und Kuppen zu besteigen, ihrem Sammelfimmel erlagen. Vermutlich waren sie nicht einmal halb so alt wie ich und wohnten näher an den Bergen, wenn nicht gar mittendrin. Trabte ich nicht regelmäßig, würde ich das Viertausendersammeln bestenfalls als Torschlußpanik betrachten. Als Trotter bleibe ich jedoch gelassen. Ich weiß, daß ich mich im Hochgebirge heute leichter bewege als noch vor zehn Jahren. Ich gehe nicht schneller, aber ich halte länger durch. Und ich komme an. Bisher habe ich zehn Viertausender besucht. Ob ich mich zu allen aufmachen werde, steht dahin. Die Frage hat für mich inzwischen an Bedeutung verloren, denn einerseits empfinde ich mich noch nicht als Vorruheständler, andererseits weiß ich, daß meine Kurve sich langsam senkt. Noch sehe ich keinen Grund, die Segel zu reffen. Sollte es, was ja naheliegt, für alle nicht reichen, würde mich auch das nicht kümmern, denn für einige weitere bleibt mir allemal Zeit.

Summa summarum stellt sich mir heute meine Trottankunft im Wald als eine Odyssee mit dünnem rotem Faden dar. Auch ich bin nicht auf kürzestem Wege von Troja nach Ithaka gelangt, aber ich habe die Insel erreicht. Kein einziges «How to»-Buch hätte es vermocht, mich dauerhaft in mein Wäldchen zu treiben. Ich mußte dafür reifen. Mein Weg in den einen Katzensprung von meinem Haus gelegenen Forst war lang und kompliziert. Als Anfang des roten Fadens erkenne ich heute ein Kindheitserlebnis. Im Jahre 1943 kam ich mit Mutter und Schwester aus dem bombardierten Ruhrgebiet ins Sudetenland, wo wir regelmäßig wanderten. Meine Erinnerungsbilder an die damals offenbar noch einigermaßen intakte Natur, die wir auch durch unsere reichen Blaubeerernten nicht schädigten, gehören zum Schönsten, was ich in mir trage. In der mageren Nachkriegszeit, als alle zu Fuß gingen und ein Vorkriegsrad ohne Gangschaltung ein Luxusvehikel darstellte, sah ich mir, vor dem Wohnzimmerschrank auf dem Bauch liegend, oft die Fotoalben an, die meine Mutter in den zwanziger Jahren von ihren Berg- und Skitouren im Bregenzer Wald, im Stubaital und in den Dolomiten zusammengetragen hatte. Diese Welt stellte sich mir als unerreichbarer Traum dar. Jahre in der so und richtig benannten Jugendbewegung mit Dutzenden von Zeltlagern während der Schulzeit trugen dazu bei, mir Landstraßen, Wege, pfadloses Gelände, in dem wir auch nachts unsere Spiele trieben, Wälder und Seen heimisch zu machen. Später sollten die in greifbare Nähe gerückten Berge den ersehnten Tummelplatz bilden.

Offenbar gibt es etwas in mir, das körperliche Bewegung um ihrer selbst willen braucht, das sich mit Spaziergängen oder auch kürzeren Wanderungen nicht zufriedengibt. Immer mehr nimmt Trotten diesen Platz ein. Allerdings weiß ich auch heute noch nicht, ob ich ein echter Trotter bin. Umfaßte mein Tag zu seinen vierundzwanzig Stunden vier weitere, ich wäre möglicherweise nie einer geworden. Statt dessen würde ich vielleicht mein Wäldchen durchwandern, hinausgehen in die westlich gelegenen weiten Felder, hinabsteigen in den Pfauengrund, wo die Weinberge beginnen, einkehren in einem Örtchen an der Selz und schließlich die ganze Strecke zurückwandern – das alles in den vier Stunden, die mir, wie ich immer noch meine, täglich fehlen. Vielleicht steckt im Trotter doch der Wanderer.

Wie ich meine Wege fand

Sechshundert Meter von meinem Haus beginnt ein Wäldchen, in dem ich viele Jahre mit Frau und Kind spazierenging, bevor ich auf die Idee kam, es zu durchtrotten. Es ist eine grüne, bedachte, quicklebendige Welt für sich, klein, abgeschlossen und vollständig. Ich schätze sie um so mehr, als der Wald auf meiner Seite des Stromes sich rar macht, so weit das Auge reicht, ganz im Gegenteil zur anderen, von wo die üppig bewaldeten Höhenzüge des Rheingaus herüberwinken und die Rieslinghänge zu ihren Füßen erahnen lassen. Anwohner finden den Weg in dieses Wäldchen vor allem an Wochenenden. Für Menschen aus der Stadt bleibt der Favorit ein größerer Stadtrandwald, dessen einladend sich aufbuckelnde Mitte einen Aussichtsturm trägt. Neben ihm lag bis vor kurzem ein beliebtes Ausflugslokal. Dessen frevelhafter Abriß hat auch mich betroffen gemacht, war die Baude doch fester Bestandteil meiner Erinnerungslandschaft geworden. In diesem größeren Wald pflegte ich in meiner Jugend mit Freundinnen und Freunden zu lustwandeln und mich nach gehabter Müh an Kaffee und Schlagsahnetorte zu laben. Später durchquerte ich im Rallyeanzug mehrmals seinen südlichen Teil, aber mein Trottoir ward dieser Stadtforst nie. In ihm kam ich mir verloren vor. Sein Wald bestand fast ausschließlich aus Kiefern. Seinen sandigen Boden fanden meine schlaffen Gehwerkzeuge beschwerlich. Um ihn zu erreichen, benötigte ich das Auto. Ganz anders mein Wäldchen. Zwar ist auch es kein Hochwald, aber doch immerhin ein erfreulich bunt gemischter. Sein Boden ist von der eher federnden Art. Und den Baum, an den ich mein Rad lehne, erreiche ich im Handumdrehen und kann dann locker lostraben.

Noch hat sich nicht überall herumgesprochen, welch ideales Trottrevier dieses Wäldchen ist. Kenner, darunter auch, wie ich jüngst in der Zeitung las, einige vorzügliche Hochalpinisten, wissen von den Möglichkeiten, die es bietet. Fast eben, aber doch nicht ganz flach, steigt das Terrain von Nord nach Süd sacht um insgesamt zehn Meter an. Es setzt sich aus vielen kleinen Eichen-, Fichten-, Buchen- und Birkenbeständen zusammen, die hie und da von Lichtungen durchbrochen werden. Diese ausgeholzten Stellen wurden in den letzten Jahren durch menschenverursachte Orkane gewaltsam vermehrt. Seine Achse und Orientierungslinie bildet die Große Rondellschneise, ein gerader, fast zwei Kilometer langer Forstweg. Wann im-

mer ich ihn betrete, bedaure ich seine Existenz, denn er ist streckenweise geschottert, lähmend lang und breit genug, um Sonne, Regen und Winden freien Zutritt zu gestatten. Jedoch locken beidseits enge, verschlungene Pfade und herrliche Waldtunnel. Im Vorübertrotten nach links und rechts einen Blick in diese luftigen Höhlen zu werfen labt die Seele.

Das Trottpotential dieses Wäldchens entdeckte ich erst mit der Zeit. Zunächst kam es mir in den Sinn, mit Hilfe des Kilometerzählers eines geborgten Fahrrades allerlei Rundstrecken zu vermessen. Ich erinnere mich, daß ich solche von 1300 m, 1800 m, 2660 m, 3000 m und 3200 m aufspürte. Ich begann mit der kürzesten, und sie machte mir schwer zu schaffen. Wie ein Irrer raste ich los, geriet außer Atem, trieb mir den Puls in die Schläfen, bekam Seitenstiche, litt am nächsten Morgen unter Muskelkater und verlor wiederholt die Lust an solchen Schrullen. Heute wundert es mich, daß ich den Mut fand, immer wieder neu anzufangen. Mit der Zeit avancierte ich zur 3000-m- und dann zur 3200-m-Strecke, deren Durchtraben mich mit einer gewissen Befriedigung erfüllte, handelte es sich hier doch immerhin schon um zwei englische Meilen und damit um eine edlere, großzügigere Art des Zählens. Mein erster Versuch, eine 5500-m-Runde zu wagen, erwies sich als verfrüht: ich meinte, mich auf einen Marathonlauf eingelassen zu haben. Später blieb diese Strecke lange mein Standardparcours, bevor ich nach der Hälfte eine elegante Ausbuchtung entdeckte, die sie auf 6000 m verlängerte. Diese 6 km – bald begann ich, in diesen größeren Einheiten zu denken – sind seit geraumer Zeit alles, was ich brauche. Der Rundkurs ist landschaftlich reizvoll und abwechslungsreich. Er sieht mich nur eine gute halbe Stunde des Tages. In seinem östlichen Teil begegne ich hin und wieder menschlichen Wesen, im westlichen bleibe ich meist mit mir und vielerlei Pflanzen und Getier allein. Das jährliche Kommen und Gehen von Hähern und Weidenkätzchen, Disteln und Schnecken, den Kreislauf von Werden und Vergehen erlebe ich nirgends so intensiv wie hier.

Inzwischen hatte ich die Möglichkeit entdeckt, meiner alten 5,5-km-Strecke nach Kilometer 2 eine weitere Schleife von 3,5 km anzufügen, so daß sich mit einiger Phantasie die Figur einer Acht von insgesamt 9 km ergab. An diese Acht denke ich seitdem häufiger, als daß ich sie laufe. Als Möglichkeit ist sie stets präsent. Beim Trotten begegnet sie mir jedesmal als heroische Variante, aber aus meiner unheldischen Reserve lockt sie mich selten. Gern lasse ich mich auf sie ein, wenn ich mich einmal besonders stark fühle. Oder wenn ich es wirklich wissen will. Oder an einem besonders schönen Frühlings- oder Herbsttag, wenn erst die lange Strecke mir genügend an Erlebnissen zu schenken vermag. Oder in den ersten Augustwochen, wenn die nächste Bergfahrt naht. Dann werden die 9 km zur Ehrensache. Ich gebe keinen Pardon und laufe sie fünf- oder gar siebenmal die Woche.

Der prinzipielle Vorteil dieser zweiten Schleife liegt darin, daß ich sie nach gut 2 km erreiche. Dies ist für mich ein günstiger Punkt, um zu entscheiden, ob es heute 6 oder 9 km werden sollen, denn hier weiß ich bereits über meine Form Bescheid. Allerdings hat es überraschende Tage gegeben, an denen ich beim Lostrotten dachte, «Heute läufst du die Acht», und am Scheidewege, anstatt die großartige zweite Schleife anzuhängen, doch kleinlaut kneifend nach rechts abbog. Es ist aber auch schon vorgekommen, daß ich spontan geradeaus weitertrabte, obwohl ich mir eigentlich nur 6 km vorgenommen hatte. Wahrscheinlich könnte ich diese 9 km problemlos zu meiner Standardstrecke machen. Fragte mich jemand, warum ich das nicht tue, würde ich antworten, daß sie mir doch oft recht beschwerlich vorkommen, mich den größten Teil einer Stunde in Trab halten und mich im letzten Drittel manchmal auch schon auf den Gedanken gebracht haben, so weit zu trotten sei doch langweilig und daher nichts Rechtes für mich. Allerdings zeigt mir nur dieser kleine Waldmarathon, was es heißt, sich gemütlich freizutrotten, dann beschwingt dahinzutraben und schließlich langsam zu ermüden, obwohl ich im letzten Drittel am schnellsten unterwegs bin und über die meiste Kraft verfüge.

Meine Zufriedenheit mit ein und derselben Strecke hat sicherlich mit meinem Wesen zu tun. Ich empfinde, jedenfalls derzeit, keinerlei Bedürfnis, eine andere zu trotten. Dabei kenne ich Läufer, die mit ein und derselben Strecke nie und nimmer auskämen. Sie *joggen* regelmäßig andere Wege. Manche schlagen jeden Wochentag einen anderen Kurs ein. Warum auch nicht? Solche Wegevielfalt böte auch mein Wäldchen zur Genüge. Überhaupt bilde ich mir ein, daß niemand sonst genau meine Strecke trottet, schon gar nicht, wenn ich an die vielen kleinen Varianten denke, die für spontan erwünschte Abwechslung sorgen. Ab und zu bin ich meine 6 km in der umgekehrten Richtung getrabt und habe auf diese simple Weise ganz neue Landschaftserfahrungen gemacht. Aber in der eigentlichen Richtung fühle ich mich wohler. Das mag mit dem Aufbau dieser Runde zu tun haben, der für mich seine eigene natürliche Logik, Schönheit und Dramatik gewonnen hat, aber auch unzählige Fixpunkte enthält, an denen ich weiß, wo ich mich gerade befinde. Möglicherweise liegt mir aber auch ganz einfach der Uhrzeigersinn. Oder meine Runde hat einen tieferen Sinn. Ich beginne meinem Lauf im Osten. Ich wende mich nach Süden, nach Westen, nach Norden, nach Osten und wieder nach Süden. Das erscheint mir als natürlicher Kreislauf.

Bisweilen denke ich unterwegs an die zahlreichen Varianten, die selbst mein kleines Wäldchen bereithält. Manche habe ich durch Abweichen vom gewohnten Parcours spontan erkundet. Danach bin ich jedoch immer wieder zur alten Strecke zurückgekehrt. Es gibt eine verlockende Verlängerung nach Kilometer 3, die über unebenen, ja schwierigen Grund führt. Diese hebe ich mir für ideale Sommertage auf. Trabe ich sie dann hin und wieder, meine ich, etwas zur Kräftigung meiner Fußmuskeln zu tun, die einige Wochen darauf in den Blocklabyrinthen unterhalb der Gletscher gefordert werden. Vielleicht werde ich eines Tages den 9 km eine weitere Schleife anfügen, so daß sich die Form einer dreigliedrigen Kette ergibt. Möglichkeiten dazu böten sich nach dem vierten und dem achten Kilometer. Die erste Zusatzschleife würde mich durch Kornfelder, die zweite durch Obstplantagen führen. Es wären ideale Sommerstrecken, besonders die zweite in jenen Wochen, wenn es die Reife der Aprikosen zu prüfen gilt. Vielleicht breche ich eines Tages wirklich aus meinem Wäldchen aus und werde zum distanzenfressenden Wald- und Feldtraber. Bis dahin jedoch bildet sein Schatten die Grenzen meiner Trottwelt.

Warum diesen Bezirk gerade ein Wald bildet, hat sicherlich mehr Gründe, als mir bewußt sind. Er liegt nun einmal vor meiner Tür. Er bietet meinem Fuß abwechslungsreiches Terrain, einschließlich so mancher Stolperwurzeln, deren Versteck ich genau kenne, meinen Gelenken wohltuende Dämpfung, meiner Lunge reichlich Sauerstoff, meinen Schleimhäuten die nötige Feuchtigkeit, meinen Augen das beruhigende Grün, meinen Ohren das sanfte Rauschen der Zweige und den vielstimmigen Gesang der Vögel, meinem Organismus weitgehend Schutz vor den Elementen, vor Sonne und Regen und schneidendem Wind aus Ost und Nord, meiner Seele Entspannung, meinen Sinnen die Erfahrung des Kreislaufs von Tag und Jahr und Leben. Aber der Wald bedeutet mir mehr. Er bildet eine Welt, in die ich heimkehre, in der ich versinke, in der ich mich selbstvergessen bewege, in der ich mich geschützt weiß, in der ich gleichwohl hinter jeder Biegung eine Überraschung erwarte. Es ist ein Bezirk, der immer einen neuen Blick freigibt und dem geschäftigen Leben unten in der Stadt, in das ich bald eintauche, gar nicht so weit entrückt ist. Es ist ihr stiller, ebenfalls lebensprallere Widerpart. Meinem schlichten Gemüt blieb der Wald eine

Märchenlandschaft, und ich erinnere mich, wie ich beim Durchwandern eines dichten Fichtenstücks an seiner Südseite der Tochter, als sie noch ein Kind war, aus den Brüdern Grimm erzählte.

Mit meinen Waldanmutungen stehe ich sicherlich nicht allein. Nirgendwo sonst auf der Welt sei das Waldgefühl so lebendig wie bei uns, schreibt ein Photograph, dessen Werk ich schätze. «Die Bäume sind einem ja verwandt. Wenn man alt ist, hat man ja etwas Wurzelhaftes. Der Wald ist Bühne, Symbol für Vergänglichkeit und Wiedergeburt und für Sehnsucht nach Heimat. Wald ist etwas, was beruhigt, was gewachsen ist, ein guter Platz für Menschenkinder.» (Stefan Moses in einem Gespräch im *Zeitmagazin*, Nr. 35 [27. August 1993], 26.)

Wie sich meine Strecke anfühlt

Nirgends stärker als in meinem Wäldchen habe ich erfahren, wie extrem der Unterschied zwischen objektiv und subjektiv, zwischen Gegebenheit und Erlebnis sein kann. Natürlich könnte ich aus dem Kopf allen, die das interessiert, die 6 km meiner Standardstrecke so gründlich beschreiben, daß sie sie auf Anhieb fänden. Ich könnte einen Plan zeichnen, auf dem nicht nur jede Wegbiegung, jede Bank und jeder Hochsitz verzeichnet wären, sondern auch jede Vertiefung und Erhöhung und jede beachtenswerte Strauchelwurzel. Der Fingerhut kurz vor Kilometer 2 fehlte ebensowenig wie der Tummelplatz eines Eichhörnchenpaares nach Kilometer 5. All das ist objektiv gegeben. Aber noch nie habe ich diese Strecke zweimal auf ein und dieselbe Weise erlebt. Jeder Rundtrott ist für mich einmalig und unwiederbringlich. Diese Erfahrung mag auch der Grund dafür sein, daß ich mit ein und demselben Parcours schon über Jahre zufrieden bin.

Mein Trottweg führt von meinem Fahrradbaum auf breitem Weg deutlich fallend nach Süden quer über einen kleinen Parkplatz, neben dem eine Tafel mit Skizzen bezeichneter Wanderwege prangt. Auf all diese Pfade pfeift das bunte Völkchen, das sich in seinen Vehikeln ein schattig-verschwiegenes Stelldichein gibt – Vertreter, Lieferanten, Liebespaare, Müllwerker, dazu während der kurzen Zeit der Aprikosen- und Kirschenernte auch in ihren Nußschalen übernachtende Pflücker aus dem nahen und fernen Osten. Dann geht es leicht rechts an einer alten Lichtung vorbei. Dort stehen drei Bänke und zwei Tische. Lendenlahme Freiluftmeditierer steuern dieses Dreißig-Sekunden-Ziel bereits frühmorgens gern an. Bierdosen und Likörfläschchen zeugen zudem von Waldalkoholikern, welche die wenigen Meter vom Parkplatz bis zu ihrer originellen Jausenstation nicht ohne Stärkung überstehen. Kurz darauf passiere ich eine Strecke, die Mutter Natur oft zur reinsten Sudelsuhle macht. Hier gilt es, den passenden Durchschlupf zu erspüren. Links durch ein Wäldchen gelange ich zu einer neuen, nicht von höheren Mächten, sondern durch die Spätfolgen menschlicher Niedertracht über Nacht geschlagenen Lichtung. Kürzlich fegte ein Sturm die beiden letzten der damals stehengebliebenen Föhren um. Sie lagen im Abstand von wenigen Metern quer über dem Weg, und ich mußte mir die Schritte einteilen, um sie, ohne aus dem Trott zu kommen, elegant zu überhüpfen. Bald hatte ich den Rhythmus heraus und fühlte mich bereits als angehendes Stadionkänguruh. Aber bald zeugten von ihnen nur noch Sägemehlspuren. Diese Relikte eines weiteren Naturbegräbnisses stimmten mich traurig. Bald darauf ist Kilometer 1 erreicht. Dann folgt, immer leicht bergauf, einer der schönsten Teile der Strecke, ein schmaler, wurzelloser, schrittedämpfender, meist trockener und stets anheimelnder Waldpfad. Kurz vor Kilometer 2 geht es westwärts durch eine nach Regenfällen und Tauwetter noch tagelang matschig-glitschige Zone, bevor sich die Strecke, den zweiten, bei *back seat lovers* beliebten Parkplatz streifend, auf der großen Waldschneise nordwärts wendet. Dieser Teil ist der ödeste, aber kurz nach Kilometer 3 biege ich links ab, schlängele mich durch einen ganz ruhigen Forst, ducke mich, um einen aus seiner Senkrechten geblasenen Baum zu passieren, und wende mich bei einer Sechseckhütte (ein idealer Rastplatz, denke ich manchmal, wenn ich sie erreiche, sollte es einmal wirklich schütten) nördlich bergauf, Kilometer 4 passierend, zu einer Stelle, wo ich vor mir in der Ferne den Höhenzug des Rheingaues erblicke. Eine Rechtskurve führt einen kurzen, geschotterten Schneisenweg hinauf, dem nach links ein gewundener, leicht abfallender Pfad folgt, der trotz gelegentlich morastigen Grundes dem Trottenden willkommen ist, der nun bereits Kilometer 5 passiert. Hier pflegen Pferde gern zu äpfeln. Das Reststück wird zur reinen Formsache. Auf schmalem Pfad am Nordrand des Forstes ostwärts laufend erreiche ich die zweite, bisweilen von Rastenden aufgesuchte Sechseckhütte und rechts über kurzweilige, sich windende Pfade bald wieder meinen Fahrradbaum.

Da ich die Strecke einst per Rad entdeckte und vermaß, weiß ich meinen Kilometerstand, wann immer ich ihn feststellen möchte. Dieses Wissen bedeutete mir früher einiges. Hatte ich einen schwachen Tag, konnte ich mich mit dem Gedanken trösten, bei Kilometer 4,2 angelangt zu sein oder ein Drittel, die Hälfte, zwei Drittel, fünf Sechstel, ja elf Zwölftel der Runde hinter mich gebracht zu haben. Aber schon die Wendung *hinter mich gebracht* empfand ich bald als ungut, klang sie doch nach Anstrengung und Leistung, Hindernis und Überwindung. Sie war negativ besetzt, psychologisch fragwürdig und spiegelte eine der ganzen Trotterei abträgliche, ja zu ihr gar nicht passende Einstellung. Sie machte aus meinem Walderlebnis etwas, das es eigentlich nie war, auch dann nicht, wenn ich mich einmal kraftlos dahinschleppte. Das alles gab mir zu denken, und fortan sagte ich mir an schwachen Tagen, daß die halbe oder auch mal die ganze in meinem Wäldchen verbrachte Stunde das eigentliche Geschenk des langen, ansonsten weitgehend nur mit Kopfarbeit und, schlimmer noch, immobil verbrachten Tages sei. Und bald wich das Gefühl, einer mitunter lästigen Pflicht nachzukommen, dem der Dankbarkeit über meinen Ausflug.

Die schier endlose Vielfalt meines Trotterlebnisses ist einerseits durch Tages- und Jahreszeit, Luft- und Bodenbeschaffenheit, Temperatur, Wetter und zufällige Begegnungen vorgegeben; andererseits trägt zur Variation entscheidend bei, wie ich mich körperlich und seelisch fühle, ob ich gerade eine anstrengende oder entspannte Zeit durchlebe, was mir persönlich zu schaffen macht, vor allem jedoch, wie ich mich Schritt für Schritt auf meine Walderfahrung einlasse, mit den Füßen, den Augen, den Ohren und der Nase, den grauen Zellen und der Phantasie. Der Verstand, dieser Diktator des Alltags, wird nach einiger Zeit des Trottens stets vom Thron gestoßen, obwohl ich nicht zu sagen wüßte, von wem. An seine Stelle trat früher oftmals der womöglich durch die rhythmische Trottbewegung angeregte neurotische Zwang, Schritte oder Schrittfolgen zu zählen. Dagegen begann ich mich eines Tages listig zu wehren, und auf Dauer erfolgreich. Das vorletzte, was ich, eher aus Neugier, zählte, waren die am Weg stehenden Bänke. Ich nahm mir mehrmals vor, das zu tun, fing an zu zählen, wurde des albernen Spielchens aber bald überdrüssig. Oder ich vergaß es einfach, weil Spannenderes mich ablenkte. Das nahm ich als gutes Zeichen. Einmal hielt ich jedoch durch und registrierte erstaunt: es waren ihrer nicht weniger als vierundzwanzig, von denen sich die meisten, publikumsfreundlich plaziert, in der belebteren Osthälfte befinden. Die letzte Zählung betraf meine Schritte. Wenn ich lostrabte, kamen sie mir so kurz vor wie die eines trippelnden Greises. Einmal ging ich, meinen Schritt-Atem-Rhythmus nutzend und Sechzehnereinheiten schaffend, der Sache zwischen Kilometer 3 und 4 auf den Grund, und siehe da, mein Taschenrechner vertraute mir nachher an, daß meine Schrittlänge 94 cm betrug. Das wird dem wahrhaft Auserwählten allenfalls ein nachsichtiges Lächeln entlocken; ich für meinen Teil fand es bemerkenswert. Nun ist das Problem abgehakt. Zu den Hochsitzen sind in der letzten Zeit etliche hinzugekommen. Sie zu zählen würde mir nicht mehr einfallen. Allenfalls taten mir die Tiere leid, deren Ausrottung diese Exekutierstände dienen. Aber selbst über die Zweckbestimmung dieser Gerüste denke ich im Vorbeitrotten nicht mehr nach. Und über das Stadium des Zählens bin ich ein für allemal hinaus.

Mein Hang zur Quantifizierung kam auf, als ich noch die 9-km-Strecke zu meinem Standardparcours machen wollte. Da sie sich endlos hinzog und mir schwerfiel, zählte ich eines Tages die einzelnen zu durchtrottenden Waldbestände. Es waren achtzehn. Wenn ich müde wurde, dachte ich kurz nach und sagte mir: «Du läufst ja gerade schon in Wald Nummer vierzehn ein.» Das half mir damals. Den Quantifizierungszwängen folgte eine imaginierende Phase. Im Übergang von der einen zur anderen mag das Erlebnis des Waldes als einer Abfolge von Räumen gestanden haben. Nun interessierten mich nicht mehr durchtrottete Kilometer, sondern einzeln erlebte Räume. Dann setzte sich die Vorstellungskraft vollends durch. Zunächst verbildlichte sie bestimmte Punkte und Strecken. Auf meinem alten 5,5-km-Kurs erreichte ich kurz vor Kilometer 4 drei kleine Erdhügel, die mir eines Tages und dann noch längere Zeit wie Kamelbuckel vorkamen. Das sanfte Auf und Ab meines Wäldchens regte meine Phantasie an: Der zwar schöne, doch durchweg gelinde ansteigende zweite Kilometer glich mit einem Mal dem Wanderweg oberhalb Zermatts, bevor er sich in die Steige zur Schönbühl-, Hörnli- und Gandegghütte aufteilt. Da ich Kilometer 3 und 4 auf leichten Erhöhungen erreiche, vermittelten mir diese Stellen bisweilen ein Ankunftsgefühl. Später schuf meine Phantasie andere Strukturen für meinen Rundtrott. Eine Anleihe bei der abgelaufenen Quantifizierungsphase machend, drittelte sie den Parcours in eine Strecke von 2 + 2 + 2 km; dann verwandelte sie diese Drittelung in ein Erlebnis mit Anfang, Mitte und Ende, in ein Schauspiel mit Prolog, Handlung und Epilog, in ein Musikstück mit Ouvertüre, Durchführung und (einem bisweilen *maestoso*, meist *allegro*, manchmal auch *furioso* erlebten) Finale.

Schließlich verloren all diese Spielchen ihren Reiz. Sie fielen von mir ab. Seitdem tendiert mein Traben zur Selbstvergessenheit, Geist und Sinne oft bereits nach wenigen Metern freiem Spiel überlassend. Den spontan sich einstellenden Gedanken und Empfindungen gebe ich mich über weite Strecken einfach und selbstverständlich hin. Ich wüßte keine anderen Zeiträume im Tages- und Jahresverlauf, die mir eine solche Fülle schenkten, die von außen kommt und nach innen dringt, außer vielleicht lange Gletschertouren, die meine Aufmerksamkeit nur mäßig beanspruchen. Der Rundtrott wird zu einer Angelegenheit, die alle Sinne hellwach hält, allerdings ganz unterschiedlich fordert. Ich weiß, daß ich ein Ziel habe, die Rückkehr zum Fahrrad. Was ich jedoch auf dem Rundweg zu ihm erlebe, bleibt völlig offen. Manchmal wende ich mich vorwiegend nach außen und beobachte meine Umgebung bewußt, auch den Himmel, wo er sich zeigt. Meist jedoch meditiere ich vor mich hin und nehme meinen Fortschritt gar nicht recht wahr.

Immer häufiger erlebe ich, was ich den guten Lauf nenne. Es handelt sich um eine Runde, während der ich außen und innen zugleich bin, mit den Augen Orientierung und den richtigen Platz für den schwebenden Fuß suchend, gegen Ende die gegen das Ermüden in mir aufsteigende Kraft verspürend, die mir Souveränität schenkt, zugleich aus meiner inneren Sammlung wieder ins Hier und Jetzt zurückkehrend, bereit, mich alsbald zu verstreuen. Nach einem solchen Lauf, bei dem alles stimmt, erinnere ich mich bisweilen an die zahllosen Stunden, die ich seit der Kindheit mit meinem Vater arbeitend verbrachte, von ihm lernend, was gute Arbeit ausmacht: sich Zeit zu lassen, bis alles gelungen ist, nicht zu hudeln, immer wieder die Perfektion anstrebend, durch die Güte des Geleisteten letztendlich wieder Zeit gewinnend, von der tiefen Genugtuung ganz zu schweigen. Und ich denke an Thoreaus Bemerkung in seinem Waldbuch, ich solle einen Nagel so gründlich einschlagen und vernieten, daß ich nachts aufwachen und mit Befriedigung an mein Werk denken könne.

Im Wald erlebe ich eine Zeit ganz eigener Art. Mein Zeiterleben verräumlicht sich. Die Zeiträume durchmesse ich mal schneller, mal langsamer. Was brauchte ich eine Uhr, die das Nacheinander auf eine Weise mißt, die mit meiner Bewegung nichts gemein hat? Im Wald begreife ich, warum ich schon lange keine Uhr mehr trage. Nicht nur empfand ich sie am Handgelenk lästig; ich erkannte sie als den Fremdkörper, der sie mir eigentlich stets gewesen war. Auch sonst lebe ich ja in Zeiträumen, die von Arbeit, Steckenpferden, Spiel und Entspannung geprägt sind und nicht von minuziösen äußeren Gliederungen, mit denen sich zu synchronisieren eine Uhr ja einlädt. Es bleiben mir im Laufe des Tages eh genug Strecken, auf denen ich mir wohl oder übel ein fremdes Zeitmaß anbequemen muß. Höre ich, was oft genug passiert, gegen Ende der Waldrunde das Läuten der nahen Kirchenglocken, weiß ich, daß es Mittag ist. Aber das wüßte ich auch so, da ich allmählich hungrig werde. Eine Weile begleitet mich der Klang; dann verhallt er. Ich finde ihn harmonisch und schön, aber er hat mit meinem Trotten nichts zu tun.

Von der Tageszeit

Menschen sehe ich zu allen Tageszeiten laufen, manche auch nachts. Laufende Eulen fallen natürlich weniger auf, es sei denn, sie hätten – auch das gibt es ja mittlerweile – ein Lichtchen am Heck ihrer Schuhe, das bei jedem Schritt aufleuchtet. So künden sie von der einsamen Spur, die sie ziehen. Jenseits des Atlantiks schwillt die Zahl der im Dunkeln Dahindüsenden an, aber auch hierzulande scheint sich diese Spezies zu vermehren. Laufbücher, die auf Vollständigkeit ihrer Rezeptur achten, pflegen diesen *night runners* wenigstens einige Zeilen zu gönnen. Das brauche ich nicht, denn ich trabe nachts nicht. Die wenigen Austrotte in der allerersten Morgendämmerung zählen hier nicht, da sich die Tageshelle immer überraschend schnell einstellte.

Die Frage «Wann soll ich trotten?» hat mich eine ganze Weile beschäftigt. Immerhin galt und gilt es, die Waldrunde samt Vorbereitung und Folgen meinem Tageslauf einzupassen. Während dieser explorativen Phase verstrich vom Hahnen- bis zum Käuzchenschrei kaum eine Stunde, zu der meine Nachbarn mich nicht irgendwann einmal zum Trotten hätten aufbrechen sehen können. Schließlich stand für mich fest: wann immer möglich, mache ich mich morgens zwischen zehn und elf auf.

Natürlich gelingt das auch mir oft nicht. Dennoch müßte sich diese Stunde für viele Trottwillige hervorragend eignen. Hielten diese mir vor, daß dann kaum jemand zum Trotten komme, würde ich ihnen entgegnen, daß ihre Antwort nichts an der Richtigkeit meines Befundes ändere, sondern vielmehr darauf schließen lasse, daß mit einer Gesellschaft, die das verhindere, einiges im argen liege. Ich würde hinzufügen, daß sich dieser Mißstand längerfristig durchaus beheben ließe, empfänden nur genügend Menschen das Bedürfnis, morgens zwischen zehn und elf Uhr loszutrotten. Das wäre ein Projekt für die Grünen, gerade für deren ins Kraut geschossene Kullerpfirsiche, kostenneutral, aber folgenreich, würden sie nur einmal von ihrem plakativen Gezeter ablassen und nachdenken. Den anderen Parteien traue ich die nötige Hellsichtigkeit eh nicht zu. Brächte man genügend Politiker auf die Idee, es wäre gut für Deutschland, wenn gerade sie um diese Zeit auf die Piste gingen, um dann um so schwungvoller die unablässig im Munde geführte Verantwortung für das Land weiterschultern zu können, das Problem wäre für alle Trottanwärter bald gelöst. Überhaupt frage ich mich, wann die demonstrativ sportlichen unserer Herren Minister eigentlich ihrem forcierten Vorwärtsdrang huldigen, denn das verschweigen uns ihre journalistischen Hofschranzen. Tun sie das vor oder nach ihrem 16-Stunden-Tag? Oder mittendrin? Verzichteten sie nicht sinnvollerweise auf ihre Edelkarossen, um die eingesparten Steuergelder in kommode Trottwege in der Nähe ihrer Paläste zu stecken? Profitierten von diesen Wegen nicht auch die sie wählenden Anrainer? Käme es dann nicht schon beim Trotten zu manchem Gespräch mit jenem von den Bonzen aus gutem Grund stets draußen im Lande und nie nebendran vermuteten Volk, das ihnen so am Herzen liegt? Ist es nicht auch idiotisch, daß sich Arbeitnehmer den Tag immer noch nach dem Motto «Erst die Arbeit, dann das Spiel» verkaufen lassen? Als festverschnürtes Paket? Nach dessen Aufschnüren dann das Millionenheer der Fernsehsportler im Gleichschritt hervorquillt? Deren abendliches Turnier darin besteht, per Greifhand intensiven Kontakt mit dem Bierkrug oder den Kartoffelchips zu halten, während die andere aus der Hüfte heraus Kanal um Kanal abschießt, auf und ab, hin und her, bis die Lider schwer werden und sich endgültig schließen? Sollte einst die Ära der Morgentrotter wirklich aufdämmern, würden Hunderte von Zehn-bis-elf-Uhr-Trabern in meinem Wäldchen mir die Freude an meiner Runde wohl gründlich verderben, und ich würde auf eine andere Stunde ausweichen. Andererseits stände zu erwarten, daß sich die Aktivitäten der geborenen Lerchen und Eulen, Wanderer und *Jogger*, Radfahrer und Volleyballspieler einigermaßen verteilten, so daß alle jenem natürlichen Bewegungsdrang zu verschiedenen Zeiten und an allen möglichen Orten frönen könnten.

Für meinen Trott am späteren Vormittag gibt es handfeste Gründe. Der erste ist atmosphärisch. Hat es nachts oder morgens geregnet, ist dann der Boden schon wieder angetrocknet. Im Winter ist es um diese Zeit nicht mehr gar so kalt; auch sind dann die frühmorgens oft durchdringenden Nord- oder Ostwinde abgeflaut. Im Sommer ist es noch nicht allzu schwül. Die Sonne meint es gut mit mir: sie wärmt mich, aber sie sticht mich nicht. Ihr Licht fällt gerade noch schräg genug, um den Farben mei-

nes Wäldchens belebende Intensität zu verleihen. Der zweite Grund ist krude egoistisch. Ich laufe gern möglichst ungestört, und die Zeit vor dem menschlichen Mittagsmahl ist in meinem Wäldchen nun einmal die ruhigste, bis auf weiteres. Neben vierbeinigen Waldgängern – und selbst diese schlagen sich dann gern in die Büsche – gibt es nur wenige zweibeinige, und auch an den beiden Parkplätzen, die ich passiere, halten dann weder

Müllwerker noch Autoscheiben bedämpfende Amateure ihre Siesta ab. Der dritte Grund ist arbeitsstrategisch. Gegen elf, wenn ich mich anschicke, das Ritual aufzunehmen, habe ich bereits drei bis vier Stunden gearbeitet. Der produktivste Abschnitt des Tages liegt hinter mir, und ich finde, eine Pause wäre nun das Richtige. Ich habe den Punkt erreicht, an dem ich das «Guten Morgen» meiner Mitmenschen bereits mit «Guten Tag» erwidere, ohne mich meines vergleichsweise fortgeschrittenen Zeitbewußtseins zu schämen. Kehre ich danach zum Schreibtisch zurück, geschieht das nie ohne frischen Schwung und neue Ideen. Es hat Trottrunden gegeben, die versetzten mich in einen derartigen Sauerstoffrausch, daß sich die Waldpause bruchlos in der Qualität der wiederaufgenommenen Arbeit niederschlug. Der vierte Grund ist physiologisch. Um elf hat sich eine erste leichte Erschöpfung eingestellt. Mein Magen ist leer, mein Körper gut durchblutet und bewegungshungrig. Und bei meiner Rückkehr kann ich mich aufs Mittagessen freuen.

Der fünfte und für mich wichtigste Grund ist biodynamischer Natur. Er schließt die Gründe drei und vier ein. Schwach erinnere ich mich der Zeit, da ich an einer amerikanischen Universität wie besessen an meiner Doktorarbeit werkelte. Da ich von morgens bis abends studierte und meine Brötchen unterrichtend verdiente, konnte ich mich ferneren Zielen erst nach des Tages Müh und Last verschreiben. Ich arbeitete dann bis in die Puppen und verpaffte ungezählte Mentholzigaretten. Der Entwurf des – wie ich damals fälschlich annahm – besten Kapitels gelang mir zwischen Mitternacht und Sonnenaufgang. Wann immer ich konnte, schlief ich bis zehn oder elf. Ich war zur ausgewachsenen Eule geworden. Jenes Jahr liegt weit zurück. Heute ist mir klar, daß bereits damals eine Lerche in mir steckte, ohne daß ich es bemerkte, und ich vermute, daß es unter den Menschen weit mehr Lerchen als Eulen gibt. Vielen vermeintlichen Eulen dämmert das, wenn überhaupt, dann erst spät; die in der westlichen Unkultur eingetretene Verschiebung der Zeiten fürs Wachen und Schlafen hindert sie an der Entdeckung. Wohlmeinende Ratschläge fruchteten da nichts. Mein längst verblichener Patenonkel, ein liebenswürdiger Individualist, dessen jugendlicher Sportlichkeit und Abenteuerlust ich so manchen Impuls verdanke, einschließlich des Bauplans für das tropfenförmige Paddelboot – dieser Gevatter nervte mich, den chronisch überarbeiteten Mittdreißiger, in seinen späteren Jahren als bequem gewordener, kreuzworträtsellösender Kleinstadtzahnarzt mit seinen regelmäßigen Predigten über den Segen des frühen Aufstehens. Er selbst pflegte sich vor Morgengrauen aus den Federn zu erheben und, ganz für und bei sich, stille Stunden zu feiern, bevor er sich für den Rest des Tages beim Broterwerb peu à peu sein Rückgrat und wohl auch anderes ruinierte. Ans *Joggen* hätte er im Leben nicht gedacht. Was hätte ihn auch auf eine solche Idee bringen sollen? Heute weiß ich, daß der in seine Lebensfron Eingebundene, der es vernünftigerweise zeitlebens ablehnte, durch die Anschaffung eines Autos auch noch zum Chauffeur ausgeruhter Mitmenschen zu werden, seinen Tag goldrichtig lebte.

Kluge Köpfe haben herausgefunden, daß die Kurve der menschlichen Leistungsbereitschaft im Tagesverlauf bei allen individuellen Unterschieden ähnlich verläuft, nämlich doppelgipflig. Die Stunden von 6 bis 13 Uhr und von 15 bis 22 Uhr liegen über dem Mittelwert. Der Vormittag ist insgesamt die deutlich günstigere Zeit als der Nachmittag, und die feinste *performance* läßt sich zwischen 7 und 11 erzielen. Diese Erkenntnis entspricht auch meiner Erfahrung, und ich halte mich konsequent daran. Dadurch bewege ich in kürzerer Zeit mehr als andere, denen dieser Sachverhalt noch nicht dämmerte. Ich erwähne diese Tatsache nicht deswegen, weil sie einigen wenigen Leistungsfanatikern bzw. den Antreibern der Saumseligen bisher entgangen wäre, sondern schlicht und einfach wegen des ersten rapiden Leistungsabfalls nach dem Elf-Uhr-Hoch. Während andere dann die x-te Tasse Kaffee trinken, die x-te Zigarette rauchen, zu gähnen beginnen, schlicht einzunicken drohen oder auf dem Waldparkplatz zur Zeitung greifen, lehne ich just zu diesem Zeitpunkt mein Rad an einen ganz bestimmten Baum und beginne meinen Trott. Mich revitalisiert der in der folgenden halben Stunde inhalierte Sauerstoff. Er trägt mich durch mein biodynamisches Mittagstief.

Kann ich zu dieser Zeit nicht traben, da Arbeit sich häuft oder Termine rufen, versuche ich, frühmorgens loszukommen. Das geht natürlich nur im Sommer. Im Winter ist an einen Aufbruch vor halb acht kaum zu denken; es ist einfach noch zu dunkel und zu kalt. Und nie würde ich sofort nach dem Aufstehen in den Wald preschen, denn mein Körper und mein Geist brauchen eine Weile, um auf Trab zu kommen. Wird die Zeit morgens knapp, holt mich der neurotische Grundimpuls unserer Kultur ein: ich werde nervös und empfinde Streß. Früher begnügte ich mich dann manchmal mit einer kürzeren Strecke; heute mache ich mich erst gar nicht auf, weil ich meine, das Ritual sei erst ab einer gewissen Distanz sinnvoll. Meistens jedoch füge ich die 6-km-Runde meinem Tageslauf problemlos ein, und das sogar montags bis freitags. Nachmittags (eine Zeit übrigens, die bei regelmäßigem Ausdauertraining der Steigerung der Leistung besonders förderlich sein soll) trotte ich auch dann selten, wenn es mir zeitlich möglich wäre: zum einen sträubt sich mein voller Magen dagegen, dem drei Stunden nach einem richtigen Essen das Traben nicht gut täte; zum anderen fehlt mir, wenn der Tag weiter fortschreitet und der Abend naht, einfach die Lust aufzubrechen, selbst wenn ich noch im Hellen zurückkommen würde. Ich tüftele dann lieber in Garten und Werkstatt.

Meine Entscheidung, wann immer möglich am späteren Vormittag loszulaufen, ist unter den mir gegebenen Umständen sicherlich die beste Lösung. Die schönste Zeit indes wäre die der aufgehenden und noch tief stehenden Sonne. Auch ich habe schon Morgenstunden in meinem Wäldchen erlebt, die waren so hinreißend schön, daß die Seele gar nicht anders konnte als beschwingt dahinzueilen. Aber die Rückkehr an den Schreibtisch, das Wiederaufspringen auf das tägliche Karussell der fremden Ansprüche an mich fiel mir dann besonders schwer. Ein solcher Tagesbeginn war mir zu heilig, um im Profanen zu versickern, der Absturz ins Banale fast tragisch. So hebe ich mir die Option der Sonnenaufgangsrunde für spätere Jahre auf.

Vom Ritual

Mein werktäglicher Rundtrott hat sich inzwischen samt Hin- und Rückradeln sowie Vor- und Nachbereitung zu einem festen Brauch entwickelt. Ich würde mich nicht scheuen, von einer Kulthandlung zu sprechen. Den für diesen Ritus geeigneten Platz im Tageslauf überlege ich mir, falls erforderlich, frühmorgens. Oft bin ich in der glücklichen Lage, den Trabakt einzuschieben, wenn mir danach ist. Ich stehe dann einfach auf und ziehe los. Findet sich nicht genügend Zeit, trotte ich an dem Tag nicht. Nichts wäre für mich schlimmer, als mit dem Gefühl zu starten, daß die Zeit für das Gesamtritual nur knapp reicht. Manchmal habe ich die Runde vor anstehenden Terminen forciert durchgezogen. Zwar bin ich auch nach solchen Durchziehern noch rechtzeitig meinen Verpflichtungen nachgekommen, aber doch nur knapp und nicht ohne gelindes Nachschwitzen. Dieser fliegende Wechsel, erkannte ich schließlich, sollte nicht sein. Die entstehende Hetze störte die Harmonie des Tages, bildet das Nachschwitzen doch den Abschluß des Rituals und nicht den Auftakt der Tagesgeschäfte. Daran halte ich mich. Damit meine ich einerseits, daß ich, wann immer ich unter Zeitdruck stehe, auf meinen Waldtrott verzichte, andererseits aber auch, daß mit meiner Woche oder gar meinem Monat etwas nicht stimmt, wenn mir für die Operation Wäldchen zu wenig Zeit blieb. Deshalb schaffe ich nach Möglichkeit genügend Raum für die insgesamt sechzig bis neunzig Minuten, die das Ritual je nach durchmessener Distanz erfordert.

Rechtzeitig lege ich meine Arbeit beiseite. Ich weiß, daß ich mich als erstes dehnen und strecken sollte. Aber oft genug tue ich das nicht und trabe einfach los. Oder ich verkürze die Prozedur auf die für mich wichtigste Übung. Immer wieder gelingt es mir, mich um die vorbereitenden Exerzitien herumzumogeln. Denn diese Übungen, von denen später noch die Rede sein wird, sind statisch, langweilig und ohne jeglichen Erlebniswert. Manchmal denke ich mir, daß Gurus sie in ihren Fibeln nur deshalb behandeln, um sich nicht den Vorwurf einzuhandeln, etwas ausgelassen zu haben. Dennoch dehne und strecke ich mich oft, besonders dann, wenn ich vom Vortag noch leichten Muskelschmerz verspüre, oder aber, wenn ich eine längere Strecke als gewöhnlich im Auge habe. Beides motiviert mich. Dann kleide ich mich in aller Ruhe um. Im Sommer schrumpft dieser Akt auf das Anziehen von Strümpfen und Schuhen, da ich in der warmen Jahreszeit wann immer möglich ohnehin in Shorts und T-Shirt herumlaufe, und das zum Mißvergnügen meiner Frau auch noch barfuß. Sie führt ins Feld, möglicherweise nicht ganz grundlos, daß ich dadurch die Teppiche ruiniere. Ich könnte dagegenhalten, daß Ärzte Barfußlaufen empfehlen. Ganz besonders sorgfältig ziehe ich meine Baumwollsocken und Schuhe an. Die Socken – billige Kaufhausware – müssen richtig sitzen, weil mich sonst ihre Nähte unterwegs piesacken. Die Schuhe sollen locker, aber hoch und fest geschnürt sein, denn nichts nervt mich unterwegs mehr, als innezuhalten und lose Schuhbänder neu festzuzurren. Seit ich den Dreh heraushabe, komme ich ohne Knoten nach der einfachen Schleife aus und kann mich nach der Rückkehr, wo alles etwas schneller abläuft als vor dem Lostrott, der Treter rascher entledigen. Den Sicherheitsknoten knüpfe ich nur, wenn ich auf eine lange Distanz gehe. Ganz anders läuft das Umziehen im Winter ab. Bei Temperaturen unter Null überlege ich mir genau, was ich brauche, und wärme alle Trottklamotten auf dem Heizkörper vor. Mollig warm trete ich dann in die Kälte hinaus.

Per Rad erreiche ich jahraus, jahrein jenen Baum, der ihm als Stütze dient. Als ich vor einiger Zeit an der vertrauten Stelle hielt, stand er nicht mehr. Das versetzte mir einen Schock. Zwar hatte ich eines Tages bemerkt, daß man meinem Radbaum eine grüne Manschette umgelegt hatte, aber es wäre mir nie in den Sinn gekommen, daß die Stammbinde sein Todesurteil verkündete und daß er für mein Veloziped einmal nicht mehr zur Verfügung stehen würde. Bäume, auch die ich im Garten pflanzte, betrachte ich als Gewächse, die mich überleben. Nun aber war mein Fahrradbaum dahin. Was blieb mir anderes übrig, als spontan seinen nächsten Nachbarn zum Anlehnbaum zu küren. Dieser, da bin ich mir sicher, wird mich überdauern.

Um zu diesem Baum zu gelangen, überquere ich zwei Straßen und freue mich immer, wenn der Verkehr mich nicht zwingt abzusteigen. Das ist bei der ersten Straße seltener der Fall, da sie durch meinen Wohnbezirk führt. Dort respektieren die meisten Autofahrer das 40-km-Limit. Auf der zweiten dagegen rasen die Gefährte trotz der 70-km-Begrenzung und der nahen Kurve, die bereits mehrere nachpubertierende Rennfahrer das Leben kostete, mit derart selbstmörderischer Verve dahin, daß mich mein wehrloser Radfahrerstatus unweigerlich aggressiv macht, wenn ich absteigen und warten muß, bis diese Formel-Eins-Piloten, die, von der letzten Ampel pulkweise freigegeben und wie entfesselt auf die nächste zustürzend, doch nur auf ihre tägliche Fron zubrettern, mir die Passage, die bisweilen der Durchquerung des stürmischen Atlantiks ähnelt, ermöglichen. Gleichzeitig bedaure ich diese armen Irren, opfern sie doch schon frühmorgens ihre primäre Motorik einer sekundären. Mein Rad kennt diesen Weg mittlerweile ganz genau, denn es sammelt die meisten seiner Kilometer zwischen Haus und Baum. Kurz wie die Distanz ist, hat sich, wenn ich das Benzingeld für die anderenfalls anstehende Autofahrt zum Parkplatz zugrunde lege, die Anschaffung des Rades inzwischen amortisiert. Bin ich abgestiegen, verstaue ich den Fahrradschlüssel in der Hosentasche, mache den im nächsten Kapitel erläuterten bewußten ersten Schritt mit dem linken Fuß, der die Phase des Ausatmens einleitet, und trotte los. Anfangs greifen meine Schritte immer derart kurz, daß ich fast das Gefühl habe, auf der Stelle zu treten. Aber dieses Schneckentempo zahlt sich aus. Es verleiht mir immense Zuversicht. Nach kurzer Zeit meine ich, bis ans Ende der Welt traben zu können. Und die Beschleunigung findet dann nach einer Weile ganz von selbst statt.

Ich freue mich, wenn ich meine Runde ungestört durchtrotten kann. Das ist eigentlich fast immer der Fall, denn die wenigen regelmäßigen Begegnungen, die ich habe, beeinträchtigen mich nicht. Im Schnitt registriere ich pro Runde drei spazierende, zwei radelnde und einen trottenden Mitmenschen. Mit der Zeit haben sich auf diese Art einige Grußbekanntschaften ergeben. Manchmal erschrickt mich ein von hinten nahender Radfahrer, der nicht oder aber erst im letzten Augenblick klingelt.

Mein Idealtrott beginnt stets trippelnd und zögerlich. Nach einem Kilometer gewinnt er an Tempo. Nach dem zweiten, spätestens dem dritten habe ich meine Dauergeschwindigkeit erreicht. Danach trotte ich in aller Regel problemlos dahin. Längere Zeit, um mich freizutrotten, brauche ich im August, wenn ich die tägliche Distanz wegen der bevorstehenden Bergtour um ein Drittel erhöhe, denn dann machen mir zunächst die Muskeln zu schaffen. Aber auch dann kommt schon nach wenigen Tagen der Punkt, wo ich das Gefühl gewinne, daß mir nichts Böses mehr zustoßen könne. Bei der heroischen Acht erlebe ich den kritischen Punkt bei Kilometer 3. Hier erreiche ich den Südrand des Wäldchens und zugleich seinen höchsten Punkt. Eine Weile diesem Saum auf einem traumhaften Schlängelpfad entlanglaufend und links auf die weiten Felder blickend, bewege ich mich zwischen zwei Welten, einer offenen und einer geschlossenen, bevor ich abermals in den Forst eintauche. Es ist für mich faszinierend zu sehen, daß mir die oft extrem langsame Ouvertüre fast stets ein schnelles und, wann immer mir der Sinn danach steht, furioses Finale beschert. Manchmal versuche ich festzustellen, wie rasch zu laufen ich dann noch imstande bin, und durchfliege förmlich das letzte Wäldchen, ohne aus der Puste zu geraten. Es widerstrebt mir, mich an die Ratschläge der Gurus zu halten, gegen Ende eines *workout* abzubremsen und so betulich auszutraben, wie ich angetrottet bin, nämlich fast im Stand. Da mir der letzte Kilometer immer am leichtesten fällt, nehme ich erst kurz vor Erreichen meines Fahrradbaumes das Tempo weg. Die letzten Schritte zu meinem Gefährt lege ich gehend zurück. Für diese wenigen Sekunden genieße ich das Gefühl, regelrecht ausgepumpt zu sein, obwohl ich es nie wirklich bin. Ich schleppe mich dahin. Ich lasse die Flügel hängen und atme tief durch. Ich mime den Erschöpften. Ich denke an nichts. Ich schwitze und fühle mich sauwohl. Stolz erfüllt mich angesichts der vollendeten Runde. Was immer der Tag mir sonst noch kredenzen mag – für Körper, Geist und Seele habe ich bereits das Entscheidende getan.

Nun erst und nicht schon beim Trotten setzt die eigentlich euphorische Phase meines Rituals ein. Ich freue mich auf die Rückkehr. Lockerer sitze ich auf dem Rad. Souverän durchplumpse ich die vier an den Zweiten Weltkrieg erinnernden Bombenlöcher, die den Waldweg punktieren. Immer habe ich bei der Heimfahrt die Lungen voller Sauerstoff. Meinen Kopf durchschwirren neue Ideen. Beim Überqueren der beiden Straßen ist meine Aggressivität verpufft. Begegne ich Nachbarn, freue ich mich, sie zu sehen; das ist sonst nicht immer der Fall. Die halbe Stunde nach meiner Rückkehr ist die schönste des Morgens. Ich parke das Rad auf der Terrasse, stelle die Schuhe zu dem Reservepaar unter dem Schreibtisch, hänge die Dampfkleider auf die Trottleine im Heizungskeller, ziehe mir den blauen Nachtrottmorgenmantel an, schaue auf das Außenthermometer, setze mich in den Mehrzwecksessel, lege die Beine hoch, notiere die Außentemperatur, die durchmessene Strecke sowie die Zeit der Rückkehr, betrachte wohlgefällig die stattlicher werdende Kilometerzahl auf dem Monatsblatt des Leporellos, schwitze still und leise vor mich hin, trinke die letzte Tasse Tee, lese das Lokalblatt zu Ende, dusche, kleide mich an und wende mich vergnügter, als es in meiner Vor-Trott-Ära je der Fall war, den weiteren

Dingen des Tages zu. Der morgendliche Waldgang verleiht mir das Gefühl, mich fest in meinem Tag verwurzelt zu haben. Kehre ich an meinen Schreibtisch zurück, empfinde ich die Weiterarbeit als bruchlose Fortsetzung eines vielversprechenden Anfangs. Komme ich ins Büro, kann mir dort auch der größte Muffel nur noch wenig anhaben.

Von solchen Verdrießlichen gibt es hierzulande mehr, als Gottes Wille ist, insbesondere in den höheren Rängen der sogenannten Staatsdiener. In meinem Erfahrungsrund erblicke ich übrigens ausschließlich Miesepampel männlichen Geschlechts. Das gibt mir doppelt zu denken. Manch anderen mögen solche Mucker aufgefallen sein, wie sie mir nach vollzogenem Waldritual geschäftig unter die Augen treten, die Mienen dumpf zusammengekniffen, pharisäisch aufgebläht, aalglatt gebügelt oder durchfräst von zeitlebens erprobter Cholerik.

Die mir begegnen, zerfallen in zwei Gruppen. Deren ältere, stattlichere ist die der übertünchten Gräber. Das sind jene arrivierten Wenigtuer, die sich längst in Sicherheit gebracht haben – zunächst, vor allem aber rechtzeitig, durch gezieltes Buckeln, sodann, an die Beförderungsdecke gestoßen, durch immer gewitztere Spielarten der Unverfrorenheit und Unausstehlichkeit, die jenen der Politiker nur graduell nachstehen. Bilden sie Hexenringe, werden sie schier unausrottbar. Natürlich wissen die übertünch-

ten Gräber selbst am besten, welcher Schnitt ihnen gelang, aber sie würden diesen Coup notfalls voller Entrüstung bestreiten. Längst ward ihnen nämlich das Einziehen der Füße zum existenziellen Reflex, sehr zum Leidwesen ihrer Neider aus der zweiten, kaum jüngeren, inzwischen auf einige Restmuffel geschrumpften Gruppe, verdorrte Achtundsechziger. Die Helleren dieser Genossenschaft mbH versammelten sich beizeiten dort, wohin ihre Pfeile einst zielten – ganz vorn an den Trögen. Dort verwehren sie den Säumigeren, denen sie einst freundschaftlich verbunden waren, den Platz. Diese nun, kleinere Maden im Speck, sehen sich dazu verdammt, auf ewig in der zweiten Reihe zu stehen. Dieses erregt sie immer aufs neue. Noch mehr indessen wurmt sie die Gelöstheit der übertünchten Gräber, denen sie sich durch Akte jahrzehntelanger Theorieanbetung kategorial überlegen wissen.

Während einige der arrivierten Faulenzer, schon aus schierer Langeweile, sich dem *Joggen* durchaus nicht abgeneigt zeigen, haben die inzwischen ergrauenden Neidhammel mit Trotten nichts am Hut. Ihre letzte politische Heimstatt suchen manche, durch die Wende verwirrt, per Kursänderung von Rot nach Grün. Gerade diese Trogfernen bedürften der Lockerung durch Trotten am ehesten. Indessen sähen sie sich, sollte das elementare Bedürfnis zu trotten sich regen, angesichts der kapitalistischen Vielfalt zudem ökologisch nicht unbedenklicher Trottschuhe vor neuen Problemen.

Vom Atmen

Erstaunlicherweise lassen die meisten der Gurus in ihren Fibeln das Atmen praktisch auf sich beruhen. Sie meinen, es regle sich von selbst, und befassen sich lieber seitenlang mit Pronation und Supination und allen möglichen Verletzungen, die es zu vermeiden und, haben sie uns ereilt, zu diagnostizieren und zu therapieren, wenn nicht gar zu heilen gelte. So detailliert sonst ihre Anweisungen, Atmen spielt kaum eine Rolle. Bei einem Augur finde ich die sicherlich ganz unironisch gemeinte Empfehlung, man solle atmen, wann einem danach sei. Dieser Rat wäre für alle Lebewesen zweifelsohne beherzigenswert, hätten sie ihn nötig. Für *Jogger* klingt er hübsch locker. Auch ich atme, wann mir danach ist; und im zivilen Leben schenke ich diesem Vorgang ebensowenig Aufmerksamkeit wie andere. In meinen Trottanfängen ist mir jedoch oft so dringend danach gewesen, daß ich für meine Waldrunden diese lebenserhaltende Grundübung mit der Zeit systematisiert habe. Nun muß ich über den Vorgang nicht mehr nachdenken. Bei anstrengenden Tätigkeiten wie dem Bergsteigen und dem Trotten erscheint mir richtiges Atmen zu wichtig, als daß ich es von vornherein ganz sich selbst überließe.

Als Bergsteiger weiß ich, von welch elementarer Bedeutung für das Hinaufkommen mein Atemrhythmus ist, vor allem, wenn ich mich in größeren Höhen bewege. Erreiche ich 3500 m, beginne ich, regelmäßig im Schrittrhythmus zu atmen. Steige ich höher als 4000 m, mache ich keine Experimente mehr. Wage ich mich über 4500 m hinauf, trete ich ohnehin in den Grenzbereich meiner Leistungsfähigkeit ein. Ich kämpfe regelrecht um das bißchen Sauerstoff, das ich mit jedem Atemzug der dünnen Luft noch abzugewinnen vermag. Größte Atemökonomie wird nun zum Zwang. Werde ich in dieser für mich bereits extremen Höhe noch mit steilen Eishängen oder anstrengenden Kletterpassagen konfrontiert, kann es sein, daß ich pro Schritt einmal ein- und ausatme. Inzwischen habe ich das

Atmen nicht nur in den Alpen, sondern auch in meinem Wäldchen kultiviert. Entgegen den Empfehlungen fast aller Experten atme ich geregelt. Atmen ist Teil meiner Trottrhythmik geworden.

Wie im Hochgebirge wurde mir auch in der Ebene endlich klar, daß drei Triebfedern mich in Trab halten: mein Herz, meine Muskeln und meine Lunge. Mit dem Herzen hatte ich, nachdem ich die Raserei meiner Trottanfänge als groben Unfug entlarvte, nie mehr Probleme. Meine einzige Schwierigkeit beim Laufen (als ich noch lief) bestand darin, daß ich nie die von manchen Gurus empfohlene Herzschlagzahl erreichte. Über diese Zahl schreiben manche von der Zunft seitenlang. Meist handelt es sich um die Formel «180 minus Lebensalter = Pulsschläge pro Minute». Einige Meister fordern ihre Jünger allen Ernstes auf, unterwegs innezuhalten, um den Puls zu messen, und führen, um den korrekten Griff an die Ader zu demonstrieren, solche Pulsmessenden auch noch bildlich vor. Man sieht Menschen, die sich mitten auf der Strecke an den Arm oder an die Schläfe fassen, um festzustellen, ob sie mit optimaler Schlagzahl dahinächzen. Beim Anblick solcher Fotos fragte ich mich: Was machen diese Preußen nur, wenn sie merken, daß sie zehn Einheiten über oder unter dem Schlagsoll liegen? Schleichen bzw. hasten sie dann weiter und machen kurz drauf die nächste Schlagprobe, um zu prüfen, ob sie nun in den Sollbereich gefallen sind? Die Vorstellung, meinen Puls auf eine altersadäquate Optimalzahl hochzujubeln und dann unterwegs anzuhalten, um mich zu vergewissern, ob ich innerhalb des mir zugedachten Betriebslimits liege, erschiene mir aberwitzig. Pulsmeßpausen würden mir den Spaß am Trotten gründlich vergällen.

Davon abgesehen würde ich wahrscheinlich erschöpft zu Boden sinken, hielte ich mich an diese fixe Idee des Optimalpulses, denn entsprechende Versuche in meiner Trottfrühzeit sind ausnahmslos negativ verlaufen. Die Experten empfehlen in der Regel einerseits, den Puls bis zu einem bestimmten Punkt hochzutreiben, machen den Laien andererseits zum Gebot, nie so schnell zu laufen, daß sie sich mit ihren Laufpartnern (oder -partnerinnen) nicht mehr unterhalten können. Beides unter einen Hut zu bringen gelang mir nie. Da ich allein trabe, machte Reden unterwegs ohnehin keinen Sinn. Dennoch versuchte ich zunächst, regelgerecht hin und wieder laut zu sprechen, um zu prüfen, ob es gehe. Es ging, aber mein unter Amseln und Hähern geführter Monolog kam mir albern vor. Was sollte ich mir auch sagen? Etwa: «Du Idiot»? Immerhin wußte ich nun, daß ich zumindest in dieser Hinsicht auf Gurukurs lag. Blieb ich dann stehen, um meinen Puls zu messen, registrierte ich jedoch, daß ich mindestens zwanzig Schläge pro Minute hinter dem Soll herhinkte. Mein alterskonformes Pulsplateau hätte ich vermutlich nur erstiegen, hätte ich mir die Seele aus dem Leib gehechelt. Das zu tun lag mir wiederum fern, denn ich weiß die Seele lieber im Körper. So lebe ich seitdem in dieser Angelegenheit mit der Quadratur des Zirkels, und das grundzufrieden.

Mein Trotten, d. h. die Geschwindigkeit, mit der ich mich fortbewege, regle ich seit langem ausschließlich über das Atmen. Davon wird mich wohl auch nichts mehr abbringen. Von Anfang an versuchte ich, Atemzüge und Schritte in Einklang zu bringen. Meine ersten Erfahrungen waren jedoch alles andere als vielversprechend. Das Prinzip war gut, das eingeschlagene Tempo hirnrissig. Zunächst probierte ich es mit je drei Schritten für das Ein- und das Ausatmen. Das funktionierte, bis Atemnot mich befiel. Ich wollte aber die Pace halten. Also verkürzte ich den Schritt-Atem-Rhythmus von 3:3 über 3:2 auf 2:2. Wann immer ich bei 2:2 ankam, blickte ich dem Trottfiasko ins kalte Auge. Der Atem pfiff mir so schnell durch die Zähne, daß mir pro Pfiff mit Mühe gerade noch jeweils zwei Schritte gelangen. Das Ende nahte. Prompt blieb ich stehen und gab der Natur meine

Bankrotterklärung ab. Im Rückblick empfinde ich diese Akte spontaner Bewegungsverweigerung als grundvernünftige Reaktionen meines Körpers. Später tat ich noch etwas, das mir heute einleuchtet: anstatt sofort weiterzusausen, schritt ich eine Weile gemächlich dahin, bis ich wieder im Atemlot war. Dann jedoch hechelte ich von neuem los und erlitt bald darauf die nächste Niederlage.

Inzwischen habe ich zu einem natürlichen Schritt-Atem-Rhythmus gefunden. Er hat sich derart verselbständigt, daß ich lediglich die allererste Atemphase eines 6- oder 9-km-Laufes zu kontrollieren brauche. Ich gehe einige Schritte, beschleunige meinen Gang und lasse mich nach wenigen Metern in meinen Anfangstrott fallen. Dieser Übergang ist von einer derart sanft gleitenden Eleganz, daß keiner der Streckenpolizisten, die bei gewerbsmäßigen Gehern darüber zu wachen haben, daß die Vorbeiwatschelnden auch nicht mogeln, genau festzustellen vermöchte, wann mein Gehen ins Trotten kippt. Nach nicht mehr als acht Trottschritten kann ich meine Lunge getrost sich selbst überlassen. Inzwischen atme ich so regelmäßig, daß ich nach meiner Trottrunde, d. h. nach sicherlich mehr als 6000 oder 9000 Schritten, immer noch im Rhythmus bin.

Meine Atemtechnik leitet sich aus der Erfahrung ab, daß mein Wohlbefinden als Waldtrotter hauptsächlich auf gründlichem Ausatmen beruht. Stoße ich die verbrauchte Luft möglichst vollständig aus, ziehe ich danach ganz natürlich genügend frische Luft ein. Über das Inhalieren mache ich mir keinerlei Gedanken, habe ich in dieser Übung als jahrzehntelanger Kettenraucher doch einen uneinholbaren Vorsprung vor meinen unverteerten Zeitgenossen. Es regelt sich von selbst. Meine Lunge holt sich soviel Luft, wie sie an Sauerstoff benötigt. Dementsprechend verbringe ich mehr Zeit mit dem Aus- als mit dem Einatmen. Diese Erkenntnis hat mich zum 5:3-Rhythmus geführt. Nach einigen Gehschritten falle ich in den Trott. Jeden Trab beginne ich auf dem linken Bein und registriere ausatmend *links – rechts – links – rechts – links*, sodann einatmend *rechts – links – rechts*, dabei *eins – zwei – drei – vier – fünf - sechs – sieben – acht* zahlend. Das klingt jetzt, da ich es niederschreibe, pedantisch, ist jedoch das Natürlichste auf der Welt. Auch zähle ich ja nur ein einziges Mal bis acht. Ich kontrolliere lediglich die erste Atemphase. Dann überlasse ich das Atmen sich selbst und widme mich eine halbe Stunde lang den Dingen, die durch meine Sinne einströmen. Die Umstandskrämerei liegt nicht in der Durchführung dieses Schritt-Atem-Ablaufs, sondern lediglich in seiner Beschreibung.

Auf dem linken Bein beginne ich meinen Trott instinktiv wohl deshalb, weil ich als Linkshänder vermutlich auch Linksfüßer bin. Mit links sprang ich einst weit und hoch ab; mit links warf ich, solange Werfen mir noch Bedürfnis war; mit links suche ich noch heute an einer Kletterstelle Stand, wenn sie nur einem Fuß Platz bietet. Mein linkes Bein beginnt meinen Waldtrott vermutlich deshalb, weil es das stärkere ist. Danach brauche ich weder über mein Atmen noch über die Korrelation von Atem und Schritt auch nur ein einziges Mal nachzudenken. Beides regelt sich von selbst. Der eigentliche Segen dieser simplen Methode, die ich in drei Sekunden in Gang setze, liegt darin, daß ich nie mehr außer Atem komme.

Nicht unerwähnt soll bleiben, daß ich die längere Phase des Ausatmens zu hoher Kultur entwickelt habe. Würde ich den Mund dabei weit aufsperren, verließe mich die abzugebende Altluft womöglich schon nach einem Schritt anstatt nach fünfen. Sie soll mir aber regelmäßig entweichen. Also schließe ich den Mund so weit, daß die eingeatmete Luft entsprechend lange braucht, in das Wäldchen zurückzukehren, aus dem ich sie geborgt habe. Pausbackig und beim Ausatmen leise vor mich hin rauschend sieht und hört man mich dahineilen.

Bisher habe ich von der Physiologie der Achterrhythmik von Trotten und Atmen gesprochen. Anzufügen bleibt ein Wort über ihre Psychologie, denn diese erscheint mir noch weit wichtiger. Unwillkürlich, und oft, ohne daß ich es überhaupt bemerke, gehen mir auf meiner Rundstrecke Melodien durch den Kopf. Mitunter begleiten sie mich 6 km weit. Der 5:3-Rhythmus setzt sich nach kurzer Zeit spontan in Töne um. Während ich irgendwelchen Empfindungen nachhänge, erklingt in mir das im Autoradio gehörte «My Way» Frank Sinatras oder das auf der Gitarre gespielte erste Präludium aus dem Wohltemperierten Klavier oder, wenn der Weihnachtsbaum zu rieseln beginnt, «Oh du fröhliche». Melodien bilden die Tafelmusik zu dem von mir inszenierten Vordergrundgeschehen. Beim Meditieren stören sie mich überhaupt nicht. Im Gegenteil. Während ich trotte und schaue und höre und meinen Gedanken nachhänge, bereichern sie mein Walderleben. Was den inneren Plattenspieler anspringen läßt, vermöchte ich nicht zu sagen. Möglicherweise reagiert er darauf, daß bestimmte Rhythmen, vor allem auch der Achterrhythmus, meinem Bedürfnis nach Schaffung subjektiver Zeiteinheiten entsprechen. Der Rhythmus paßt sich dem Tempo meiner Schritte an. Trabend pflege ich den Brauch des *Tempo rubato*, indem ich das Zeitmaß meiner Schritte je nach Bedarf und Gusto beschleunige oder verlangsame. Mein Trott geht, musikalisch gesprochen, im Achtvierteltakt vonstatten, bergauf *adagio*, eben *andante*, bergab *allegro*. Mein Traben bringt Melodien hervor, und diese strukturieren wiederum mein Trotten und schaffen größere rhythmische Einheiten.

Hier fallen mir jene Individuen ein, die sich *joggend* von ihrem *Walkman* verwalken lassen. Bisher gaben sie mir nicht zu denken. Ich deutete sie als *lifestyle joggers*, die, vielleicht mit einer Prise Koks im Gebein, die schnöde Welt akustisch ausblendeten, um ganz bei sich zu weilen. Allenfalls bangte ich um sie, wenn sie, ihres zweitwichtigsten Steuerungssinnes beraubt und offen nur noch für optische, olfaktorische und taktile Kommunikation, Lemmingen gleich ihrem Ziel zustrebten. Nun aber frage ich mich, ob diese Selbstbeschallungsmonaden, sofern sie nicht bereits taub sind, ihre Schritte dem auf ihre Ohrmuscheln einpeitschenden Rhythmus anpassen und welche Erfahrung sie mit außengeleiteter Bewegung machen, die ja zwangsläufig der Mechanik der Spieldose folgt.

Früher nahmen den Platz der Melodien auch allerlei Sprüche ein, die ich vor mich hindachte. Auch sie fügten sich dem Schritt- und Atemablauf ein. Meist waren sie sechzehn Schritte lang. Das ergab sich einfach so. Diese Sprüche identifiziere ich heute als Relikte einer abermals weiter zurückliegenden Selbstfindungsphase. Allerdings handelte es sich nicht um klassische Vorsatzbildungen, sondern um schlichte Seinsbekundungen. Wenn ich mich, wie meist, beim Trotten wohl fühlte, fand das hin und wieder seinen Ausdruck in Sätzen, die mit «Ich bin…» begannen. Während Melodien sich stets ohne mein Zutun einstellten, kurbelte ich die Sprüche bewußt an. Sagte ich einen Spruch einmal im Geiste auf, tat er mir den Gefallen und trabte mit mir weiter. Eine Weile wurde er zum Selbstläufer und half mir beim Meditieren wie beim Traben. Diese Sprüche nützten mir unter anderem, wenn ich einen schlappen Tag hatte. Dann fiel es mir bei Kilometer 4,3 schwer, die nächsten 200 m aufwärtszutraben. Diese lächerliche Distanz bildet die letzte Steigung der 6-km-Strecke. Hier ebnete mir mitunter mein Standardspruch den Weg. Heute brauche ich diese Sprüche nicht mehr. Bei Kilometer 4,3 trotte ich eh locker fürbaß.

Meine Erfahrung mit rhythmisierter Fortbewegung begann wohl in der Jugendzeit, als ich mit meinesgleichen endlos lange Wege zu wandern pflegte. Regnete es dann noch Bindfäden, half ein monotones Lied wie «Klotz, Klotz, Klotz am Bein, Klavier vorm Bauch, wie lang ist die Chaussee …», zu dem jeder der Dahinmarschierenden eine Strophe hinzuerfand, die öde Distanz schrumpfen zu lassen. Später übertrug sich diese Praxis, ohne daß ich je darüber nachdachte, auf meine Bergtouren. Ich erinnere mich, daß mich Mitte der fünfziger Jahre bei der Besteigung von Eiswänden eine ganz bestimmte Melodie, die ich wohl nie vergessen werde, stundenlang begleitete und daß es Melodien waren, die später beim Hinablatschen vom Gipfel über kilometerlange aufgeweichte Gletscher meine Schritte zur Hütte zurücklenkten.

Ich nehme an, daß viele Trottende mit der Zeit ihren Schritt-Atem-Rhythmus entdecken, ohne daß sie sich dessen bewußt sind. Mich enthebt der 5:3-Rhythmus jeglicher Sorge um mein Fortkommen und verleiht mir unvorstellbare Flexibilität. Zugleich trägt er dazu bei, daß ich die Runde als aus einem Guß empfinde. Bei Trottbeginn, wo es um das Warmwerden des Organismus geht, insbesondere seiner Muskeln, führe ich mir Sauerstoff en masse zu. Mit der Zeit habe ich, da mein Tempo zunimmt, immer mehr das Gefühl, daß ich diesen Sauerstoff auch wirklich brauche. Dennoch bin ich gegen Ende nie richtig ausgepumpt, da mich das von den Weisen oft erwähnte Sauerstoffdefizit nicht mehr befällt. Im Gegenteil: ich könnte gegen Ende einer Runde stets zulegen, und zwar erheblich, und das über längere Strecken. Manchmal habe ich das auch auf dem letzten Kilometer aus schierem Übermut ausprobiert, indem ich ihn wesentlich schärfer heruntertrabte als die Kilometer davor. Es klappte hervorragend, obwohl ich im 5:3-Rhythmus blieb. Nur fragte ich mich dann, ob es sinnvoll sei, in diesem irrsinnigen Tempo durch die Natur zu rasen und dadurch die Rückkehr in den Alltag zu beschleunigen.

Wohin?

Wohin ich laufe, steht für mich seit langem fest. Wann immer ich kann, verschwinde ich in meinem Wäldchen, trotz seiner Stolperwurzeln und gelegentlichen Matsches. Dort verpestet mir kein Auto die Lunge. Dort habe ich eine Weile Ruhe vor den Menschen. Dort tauche ich in eine andere Welt ein, deren Leben seit ewig vom Wetter und vom Wechsel der Tages- und Jahreszeiten geprägt wird. Es erzählt mir ganz andere Geschichten, als ich sie sonst zu hören bekomme. Und diese Welt ist so nah.

Die Vorteile asphaltierter Straßen, des beliebtesten amerikanischen Trottgrundes, werden neuerdings auch in hierzulande erschienenen Laufbüchern hinlänglich gepriesen. Asphalt, so lese ich, federe nachhaltiger als gemeinhin angenommen, stelle wegen der immer besseren Dämpfung der Laufschuhe kaum noch eine Gefahr für das menschliche Skelett dar, ermögliche ein höheres Tempo, reduziere durch seine glatte Oberfläche die Gefahr eines Sturzes und sei gerade deshalb für Anfänger besonders geeignet. Das mag ja alles stimmen. Auch ich bin, wenn anderes meinen Füßen sich nicht bot, mitunter auf Asphalt getrabt. Dennoch war er mir meist zuwider, selbst auf dem meinen Wald zerschneidenden Stückchen Straße, auf das ich einige Male für wenige hundert Meter ausweichen mußte, wenn Waldwerker vor einem meiner vertrauten Pfade ein dreieckiges Durchtrottverbotsschild aufgestellt hatten. Asphaltpisten öden mich an. Sie strecken sich und führen immer geradeaus. Zumindest vermitteln sie mir, dem Trotter, diesen Eindruck. Fahre ich Auto, erlebe ich sie anders. Sie schrumpfen dann um ein Vielfaches, zeigen ihre Kurven, bieten einen Anflug von Abwechslung. Rasen mir, dem brav auf der linken Seite Einhertrabenden, Autos entgegen, registriere ich sie als auf mich zufliegende Geschosse. Ich fühle mich von ihnen bedroht, komme mir schutzlos und deplaziert vor und reagiere aggressiv. Dieses Verhalten erscheint mir ganz natürlich: ich bin ja nicht von Metall umgeben, trage keine Rüstung, vertraue der Kraft meiner Muskeln. Autofahrer und Trotter leben in verschiedenen Welten. Sie benötigen jeweils ihren eigenen Parcours und sollten einander meiden.

Große Trottererfahrung außerhalb meines Wäldchens habe ich nicht gesammelt. Fuhr ich auf einige Tage nach Bonn oder Berlin, Lublin oder London, ließ ich meine Trotter daheim. Das Mehrgepäck hätte sich nicht gelohnt, und ich ging viel lieber auf Wanderschaft. Metropolen durchtrabe ich nicht, obwohl es amerikanische Fibeln gibt, die mir weismachen wollen, wie prächtig man in London, Paris, Berlin, Zürich und Rom trabe. Was sollte ich in Trottkluft machen, wenn es mich in einen Buchladen, ein Restaurant, ein Museum zöge? Weilte ich länger in den Vereinigten Staaten, nahm ich die Treter mit. Dort erwies sich das tägliche Traben als problematisch, solange ich von Ort zu Ort reiste. Motels liegen ja kaum je in Wäldern und selten genug an ihnen. Selbst in den schönsten Landesteilen suchen sie sich die häßlichsten Ecken aus, lärmende Ausfallstraßen oder, noch schlimmer, tosende Kreuzungen. Um Kommerz geht es ihren Betreibern, nicht um das seelische Gleichgewicht von Touristen. Und Trottwilligen zugängliche Feldwege würde man in ganz Amerika vergebens suchen. Selbst in idyllischen Winkeln Vermonts und New Hampshires erfüllte sich die Hoffnung auf einen waldigen Trabpfad nie: Der einladende Querweg endete nach drei Minuten im stillen Nichts oder an einem aufgemessenen Areal, wo ich auf der Stelle Baugrundstücke bis zur Größe meines heimischen Wäldchens hätte erwerben können. Die hier einst bauen und siedeln, dachte ich mir dann, werden sich, wenn sie ihre Motorik spüren, ihrerseits zu armen Asphalttrottern degradiert sehen, und drehte um. Bei Rot an Vor- oder gar Innenstadtkreuzungen im brandenden Verkehr auf der Stelle zu trotteln, um bei Grün sofort wieder loszudampfen, war meine Sache nie. Abgase inhalierende Großstadtwasserflöhe bedaure ich. Wie wollen sie ihren Laufrhythmus entwickeln? Wann wird man ihnen das Tragen von Gasmasken empfehlen oder gar vorschreiben? Aber möglicherweise suchen solche *stop and go*-Fans ja gerade die Stadtgebiete mit der höchsten Giftkonzentration auf, da sie diese Luft für ihr Wohlbefinden brauchen.

Ich für meinen Teil habe von amerikanischen Motels aus frühmorgens manch verschlafenes Wohnviertel exploriert. Mir fällt ein villenverteidigender Zerberus ein, dessen unterschätztem Leinenradius ich nur durch einen entschlossenen Sprint entkam, und ein junger radkappenschwingender Latino, der sich frühmorgens an meine Fersen heftete, bis er, seinem bekifften Zustand Tribut zollend, erschöpft zurückblieb. Ich erinnere mich aber auch an herrliche Läufe entlang der Brandung von Ocean City, über den Blue Ridge und in Evanston mit dem Michigansee zur Linken und der *skyline* von Chicago vor mir im fernen Morgendunst. Verbrachte ich mehrere Wochen an einem Ort, fand ich bald eine passende Trottstrecke. Ich ging dann Kompromisse ein. Meine erste Wahl waren asphaltierte Bürgersteige ruhiger Stadtteile. In den Regionen des Landes, wo ich mich meist aufhielt, werden diese Trottoirs von riesigen Ahornen beschat-

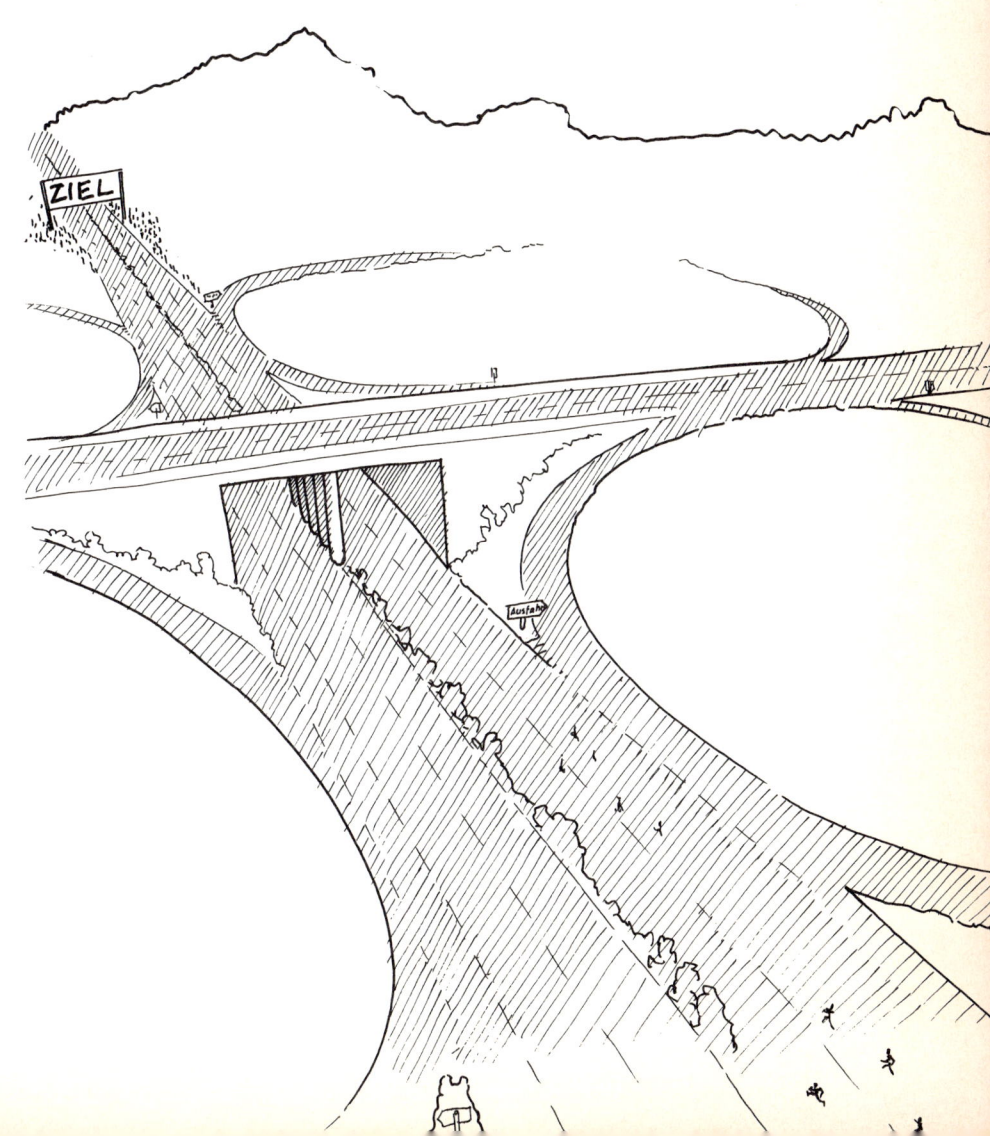

tet, durch deren mächtige Wurzeln allerdings stellenweise auch dramatisch angehoben. Bäume und Schatten behagten mir, Berg- und Talbahnen nötigten meine Füße zur Vorsicht. Auf solchen Runden begegnete ich dann anderen laufenden und zackig dahinmarschierenden Morgenmenschen aller Altersklassen. Beim ersten Wiedersehen grüßten wir einander, ab dem zweiten winkten wir einander lächelnd wie alte Bekannte zu, die sich einig waren, an diesem Tag das große Los gezogen zu haben.

Unwirsch begegneten mir lediglich jene transatlantischen Damen, deren Gang ureigenen Charakter gewann durch das abwechselnd durchgeführte waagrechte Vorstoßen der Unterarme, die ihrerseits einen Winkel von annähernd 90 Grad zueinander bildeten. Darin erblickte ich eine maschinell abrupte, dadurch genau kalkulierbare, zugleich jedoch raumfordernde, ja, suchte ich ihre gestische Sprache zu deuten, in ihrer Aggressivität geradezu politisch anmutende Art der Fortbewegung, die mich, in Verbindung mit der verkniffenen Mimik derer, die sich mir da unbarmherzig entgegenschleuderten, schon lange, bevor es zur Vermeidung eines womöglich unbeabsichtigten, jedenfalls schmerzhaften Rippenhiebes unumgänglich geworden wäre, vom sogenannten Bürgersteig trieb. Was diese Amazonen anfeuerte, kam unverkennbar aus ihrem Innersten und heischte äußere Achtung. Mich zur Seite rettend, brachte ich ihnen aus sicherer Entfernung stumm meine Huldigung dar.

Jetzt, da ich dem abebbenden Phänomen nachsinne, verbinde ich es mit jener Hauptwelle des transatlantischen Feminismus, welche Legionen von Frauen mit unwiderstehlicher Gewalt an die vermuteten Schalthebel männlicher Macht spülte, wo sie sich alsbald von ganz neuen, bis dahin ihren Widersachern vorbehaltenen Formen der Frustration heimgesucht sahen. Auch auf der Straße reklamierten sie durch konsequentes Stoßen beim Ausschreiten den ihnen jahrhundertelang, wenn nicht gar seit der Vertreibung aus dem Paradies verweigerten Raum.

Mithin, so schließe ich nun, handelte es sich bei diesen fortschrittlichen Zweikolbern um politisch korrekte Geherinnen, die sich, dem flüchtigen Augenschein nach, fast ausschließlich aus reiferen, mithin im Kampf mit ihrem Intimfeind, dem Patriarchat, erprobten, freilich auch durch das Vaterrecht womöglich bereits gezeichneten Frauen rekrutierten. Allen jenen, die ihnen begegneten, führten sie im Grunde ihres Herzens optisch die rechte Gesinnung der Unterdrückten vor. Denke ich weiter über diese Zuckmamsells nach, so erscheinen sie mir auch dadurch vorbildlich, daß sie ihre Ideologie, der Wortwurzel getreu, ins Sichtbare umsetzten. So konnte sich jeder gegenläufige Passant von ihrer Gesinnung spontan ein unmißverständliches Bild machen.

Zu meiner stillen Trottliebe ist in den letzten Jahren der Central Park avanciert. In ihm war ich früher ab und zu spazieren gegangen. Später litt sein Ruf, und ich mied ihn. Inzwischen ist er wieder die bevölkerte Oase inmitten des ihn umbrausenden Manhattan. Nachts das Revier der konsequentesten aller Ökologen im Großen Apfel, der vagabundierenden Pfanddosensammler mit ihren Einkaufswagen, bietet er an Sonntagen mehr Sehenswertes als jedes *West Side-Musical*, und das noch unentgeltlich.

In einem Jahr war ich im März, August und Oktober in New York, so daß ich ihn zu drei Jahreszeiten erlebte. Ich wohnte an seiner Westseite, trottete jeden Morgen in ihm herum und querte ihn zivil ausschreitend mehrmals täglich auf dem Weg zur Fifth Avenue. Meine Trottrunden werde ich trotz der asphaltierten Pfade nicht vergessen. Das Gros der *Jogger* läuft die großen Ovale, aber es ließen sich weit mehr Strecken als in meinem Wäldchen beliebig miteinander verbinden. Bereits frühmorgens zwischen sechs und sieben rasten, liefen, trabten, trippelten, schlichen, krochen und hinkten mir mehr bunte Typen entgegen, als Woody Allen je vor die Kamera trieb. Groß wie der Park ist, verlor ich nur einmal die Orientierung. Ich landete an der Ost- statt der Westseite. Bald jedoch dienten mir die ihn flankierenden Häusersilhouetten als Augenweide und unverwechselbare Orientierungspunkte. Der Trott im Frühjahr vermittelte mir ein Spätwintergefühl. Die linden Lüfte waren noch nicht erwacht. An Sommermorgen war es bereits schwüler als jemals mittags in meinem Wäldchen. Im Herbst stellte die Laubfärbung die meines fernen Forstes, der in jenem Jahr wirklich sein Bestes gab, weit in den Schatten. Diese Herbsttrotte im Park hätten mich übrigens fast verzweifeln lassen. Bereits im Frühjahr und im Sommer hatte ich mich damit abgefunden, daß viele *Jogger* mich zügig überholten und dabei oft noch im Duett ganz locker miteinander schwätzten; aber es hatte auch einige wenige gegeben, die mir den Vortrott ließen. Ende Oktober dagegen beschlich mich das Gefühl, als gichtiger Rip Van Winkle in eine fremde neue Welt zurückgekehrt zu sein: nie flitzten so viele aufreizend leichtfüßige Jungmenschen derart drahtig an mir vorbei. Des Rätsels Lösung entnahm ich eines Morgens der Zeitung: der *New York Marathon* stand an, und meine Konkurrenten gehörten zu den 27 000, die zwei Tage nach meiner Abreise an der Verrazano Bridge auf die Strecke gingen. Gern wäre ich geblieben, nicht, um mitzumachen, sondern um ihnen zuzuschauen.

63

Meine schlechtesten Erfahrungen verbinde ich mit Stadion-Ovalen. In Nordamerika bin ich mangels Besserem dreimal auf sie ausgewichen. Natürlich konnte ich mir leicht ausrechnen, wie oft ich das O umrunden müßte, um eine meiner gewohnten Trottrunde entsprechende Distanz zurückzulegen. Aber mehr als zehn Runden bin ich wohl nie gelaufen. Die Piste zog sich endlos in die Länge. Sie hatte keinerlei Erlebniswert. Immer wieder passierte ich dieselben öden Markierungen für Hundertmeter-, Staffel-, Hürden- und andere Läufe. Abwechslung bot lediglich das Ausweichen von der Innen- auf eine der Außenbahnen. Bald wußte ich nicht mehr genau, in welcher Runde ich mich befand, und stellte das Zählen ein. Den Rest gaben mir vier Sportplatzrunden in meinem heimischen Stadtteil. Ich hatte die eingangs dieses Buches erwähnte Anleitung zum Marathonlauf ernst genug genommen, um herauszufinden, wie schnell ich eine Meile laufen könnte. (Bei diesem amerikanischen Marathonlehrer ist der Eingangstest eine gestoppte Meile, bei einem deutschen ein gestoppter Kilometer.) So fuhr ich eines Morgens früh zum Stadion, erblickte bis auf zwei mümmelnde Kaninchenkinder keine weiteren Lebewesen, markierte die Stelle, an der es nun bitterernst werden sollte, drückte auf die umgehängte Digitaluhr und raste los, als gelte es Leib und Leben. Nach der ersten Runde erfüllte mich noch Zuversicht; nach der zweiten begann ich zu kämpfen; nach der dritten sah ich schwer keuchend mein Ende nahen; nach der vierten gelang es mir gerade noch, den richtigen Knopf auf der Uhr zu drücken. Als ich total erschöpft die Zeit ablesen wollte, stellte ich fest, daß die Uhr sich gar nicht in Bewegung gesetzt hatte. Ich hatte mich für die Katz verausgabt. Die zeitlose Meile nahm ich als Omen. Die Stoppuhr streikte, da sie in mir den Uhrenverächter erkannt hatte, der ich seit langem bin. «Soll er sich doch auch heute seine eigene Zeit machen», muß sie sich gesagt haben, «wenn er meine sonst immer ignoriert.» Wie recht sie hatte! Ich erkannte, daß ich die Zeit, die mir die Stoppuhr hätte liefern können, gar nicht brauchte. So beschloß ich, nie mehr einen derartig idiotischen Versuch zu unternehmen, die Marathonreife zu erlangen, und verließ die Kampfstätte mit nutzlos baumelnder Uhr und leeren Händen, von Menschen unerkannt, von den Kaninchenkindern nicht weiter beachtet und um eine Erfahrung reicher.

Wie oft, wie weit, wie schnell?

In meinen Anfängen als Trotter habe ich auf diese drei Fragen keine vernünftige Antwort gewußt, da ich für meine Verhältnisse viel zu selten, ja ganz sporadisch, lief und nie weit genug, dagegen stets zu schnell. Inzwischen wäre es mir von der körperlichen Leistungsfähigkeit sicherlich möglich, täglich zwölf Kilometer *à tempo* zu traben. Nicht dagegen von meiner Mentalität. Wie ich Tage und Wochen als natürliche Einheiten erlebe, so auch Waldrunden. Für mich hängen die drei Fragen, die ihrerseits von abnehmender Wichtigkeit sind, miteinander zusammen, und die Antworten, die ich auf sie finde, verschmelzen letztlich zu der Erkenntnis, daß ich fünfmal wöchentlich still vor mich hin trabend meinen Parcours absolviere, weil dieser Rhythmus mir guttut. Ganz andere Maßstäbe gelten für Ambitionierte, die großen Zielen zustreben, sei es, daß sie sich mit anderen messen wollen oder vielleicht nur einer körperlichen Idealvorstellung von sich hinterherächzen, da sie meinen, die einsam erbrachte persönliche Höchstleistung für ihr Spiegelbild oder ihr seelisches Gleichgewicht zu brauchen. Bei ihnen setzt sich dann ein aus Trainingseinheiten bestehender Rhythmus zunehmend auf Kosten all der anderen Dinge durch, die in ihrem Tag und Leben immer weniger und schließlich gar keinen Platz mehr finden. Ganz unter dem Joch ihrer Leistungspläne gehen jene Bedauernswerten, die ihre Beine zu Markte tragen, um wettrennend ihren Lebensunterhalt zu bestreiten. In Gurubüchern finden sowohl privat Preschende wie profitorientierte Professionelle umfangreiche Programme, die es ihnen ermöglichen, ihr Leben je nach Talent, Ehrgeiz, Gewinnstreben und seelischer Schräglage so gründlich umzukrempeln, daß es an ein Wunder grenzte, würden ihre Nächsten und schließlich auch ihre Liebsten sie nicht für verrückt erklären und ihnen in hartnäckigen Fällen die Freundschaft aufkündigen. Solchen Fanatikern präsentieren sich die drei Fragen eher in aufsteigender Reihe, geht es für sie unter dem Strich doch nur darum, immer öfter immer schneller ins immer fernere Ziel zu gelangen, aus dem Pulk an die Spitze, die ja auch komparativ gefeiert und entlohnt wird, wegen der auf der Strecke Gebliebenen. Je mehr dieser Hintermenschen, um so besser für das innere Gleichgewicht oder den Kontostand jener Vordermenschen. Hat nicht auch der Marathonlauf in puncto Gewinnmaximierung längst die kürzeren Distanzen ausgestochen?

Für mich ist lediglich die erste Frage vorrangig; die zweite hängt von der Lösung der ersten ab; die dritte löst sich dank meiner Atemtechnik von selbst. Diese Ab- statt der üblichen Aufstufung kennzeichnet meine moderaten Trottabsichten. Das Traben schafft mir einen Ausgleich zur denaturierten Lebensweise unserer westlichen Kultur in ihrer Spät- und Hohlform. Auch ich habe mich, aufs Ganze gesehen, dem vorherrschenden Stil nur leicht entzogen, obwohl ich meine Zeit weitgehend so einteilen und verbringen könnte, wie mir das sinnvoll erscheint. Ich bin eben nicht konsequent genug oder aber zu bequem, was letztlich auf dasselbe hinausläuft. Per Saldo kann auch ich indessen nicht auskneifen, sondern habe manches zu bewegen und insgesamt wohl intensiver zu arbeiten als manch andere. Wie ich meine Aufgaben in den Griff bekomme, hängt wesentlich mit der Ordnung meiner Tage, Wochen, Monate und Jahre zusammen, und in dieser Ordnung spielt die Waldrunde inzwischen eine feste Rolle. Sie strukturiert und belebt den Tag, ohne die übrigen Dinge zu verdrängen. Eher verleiht sie ihnen eine neue Perspektive. Im Wald gönne ich mir eine kurze Zeit das Gefühl, jemand zu sein, dessen Körper, Geist und Seele sich ungestört und im Einklang miteinander bewegen. Alle drei kommen zu ihrem Recht. Diese Bewegung fördert mein Wohlbefinden. Nebenbei erhält sie meine Leistungsfähigkeit.

Bei der Antwort auf die Frage «Wie oft?» sind sich Gurus erstaunlich einig. Ab und an auszutraben, so lese ich, reiche nicht aus; vonnöten sei eine gewisse Regelmäßigkeit, da man nach einer Pause von einigen Wochen immer wieder von neuem beginnen müsse; drei- bis fünfmal wöchentlich solle man die Treter tunlich ausführen. Fünfmal die Woche zu laufen, empfinde auch ich als mir angemessen. Allerdings trotte ich, wann immer möglich, strikt montags bis freitags und nicht in den von den Lehrbüchern empfohlenen Intervallen, die auf die Einheit der Woche oft keine Rücksicht nehmen. Meine Präferenz für bestimmte Wochentage hat sicherlich damit zu tun, daß ich stark in Zeiträumen empfinde. Tage bilden für mich eine Sequenz einzeln erfahrbarer natürlicher Räume. Die kulturell vorgegebene Wochenrhythmik wurde mir, wie anderen, frühkindlich anerzogen.

Ich gewöhnte mich an sie. Schließlich machte ich sie mir zu eigen. Monate dagegen sind mir abstrakt geblieben. Wie ich den Kreislauf des Tages vom Erwachen bis zum Einschlafen bewußt lebe, so auch den der Woche mit seiner Abfolge von Arbeit und Entspannung und schließlich das natürliche Jahr mit dem Wechsel der Zeiten, der Sinne und Geist ergreift. Die Woche hat in unserer Welt ihre eigene Bedeutung gewonnen. Jeden Wochentag zu traben fiele mir schwer. Hin und wieder kommt es vor, daß ich sieben oder auch vierzehn Tage hintereinander meine Kreise ziehe; dann macht mir die Runde einfach gesteigerten Spaß. Aber irgendwann erlahmt mein Fuß, und ich falle ins Gleichmaß zurück.

Dieser Rhythmus gerät in Unordnung, wenn ich montags bis freitags ein- oder zweimal aussetze. Dann trete ich bisweilen samstags oder sonntags an und freue mich, wenn ich am Monatsende auf eine einigermaßen ausgeglichene Bilanz zurückblicke. Auf längeren Reisen trotte ich, wann immer sich die Möglichkeit ergibt. Warum auch nicht? Hat doch auch der Trab fernab vom Wäldchen seinen Erlebniswert. Wie sonst hätte ich frühmorgens die Penner kennengelernt, die in der Nähe der ehrwürdigen Colleges von Cambridge auf den nebelnassen Wiesen an jenem Flüßchen kampieren, das der Stadt den Namen gab? Hin und wieder habe ich mich mit mageren Trottphasen beschieden. Inzwischen weiß ich solche Zäsuren gelassen hinzunehmen, auch wenn sich eine Woche oder zwei einmal nichts tut. Nach längeren Pausen fällt es mir schwer, wieder auf Touren zu kommen. Eine Unterbrechung von einer Woche dagegen macht mir nichts mehr aus. Danach gehe ich zur Sache, als wäre nichts gewesen, und verbuche diese Erfahrung als ein Zeichen meiner inzwischen doch erfreulich stabilen Grundkondition.

Auf die Frage «Wie weit?» verweigern die meisten Gurus Anfängern die Antwort. Zu Recht, wie ich meine. Sie verweisen darauf, daß es für den Neuling zunächst nur ums Anbeißen gehe, dann ums schiere Überleben, und empfehlen, man solle vorerst nur wenige Minuten abwechselnd gehen und laufen; das weitere ergebe sich im Laufe der Zeit. So ist es wohl in der Tat. Nicht jeder Mensch neigt zu regelmäßigem Trotten, und in der Erkundungsphase wird er, wenn er klug ist, so geschickt wie möglich zu Werke gehen. Die Meister ersetzen also die Frage nach dem «Wie weit?» durch die nach dem «Wie lange?» In schöner Eintracht bekunden sie, eine halbe Stunde sei guter Durchschnitt, der die Erhaltung der Gesundheit fördere und die allmähliche Steigerung der Leistungsfähigkeit garantiere, fügen jedoch gern hinzu, erst nach dreiviertel bis einer Stunde stellten sich jene tiefgreifenden Änderungen ein, deren Geheimnis zu ergründen offenbar einem inneren Kreis der Erwählten vorbehalten bleibt. Erst wer in diesen Zeitbereich vorstoße und ihn für sich akzeptiere, trete in die Gemeinschaft der wahrhaft Berufenen ein, erlebe, wie Gedanken und Empfindungen sich verselbständigen und drachengleich über dem entspannt dahineilenden Körper schweben. Nur eine Minderheit der Weisen empfiehlt, von Anfang an in Kilometern anstatt in Minuten zu denken. Unterm Strich geben sich die Zeit- und die Raumgläubigen wenig. Heraus kommt nämlich ein fast identisches Wochenpensum, das bis vor einigen Jahren auch dem meinen entsprach: vier Läufe à 20–30 Minuten oder insgesamt 20–24 Kilometer.

Die Frage nach der idealen Distanz bleibt für mich weiterhin der Überlegung wert. «Zu weit ist ebenso falsch wie zu kurz», schrieb Kung Fu Tse salomonisch, sicherlich ohne dabei ans *Joggen* zu denken. Schier unbegrenzte Möglichkeiten böte mein Wäldchen durch die endlose Kombinierbarkeit seiner Wege und Pfade. Ganz unauffällig könnte ich unter seinem Laubdach hundert Kilometer an einem Stück herunterreißen, ohne seinen Schatten zu verlassen. Doch bereits der Gedanke an solch schwindelerregende Distanzen macht mich schaudern. Welch immense Trainingszeiten forderte das Erreichen eines solchen Ziels! Auf wieviel anderes müßte ich verzichten, gäbe ich mich solcher Quälerei hin! Schließlich habe ich nur ein Leben zu verschenken. Verlängern ließe es sich durch solche Laufexzesse sicherlich nicht; und selbst wenn, wäre mir der Gewinn an Jahren den abschreckend hohen Preis nicht wert. Indessen scheinen sich immer mehr Menschen auf solch extreme Ziele zu versteifen, und sie nehmen dafür pro Woche Trainingsdistanzen von 100, 200, ja 300 km in Kauf. Gesetzt den Fall, ich könnte so weit laufen, ich liefe glatt aus meinem Leben hinaus. Meine Tage gerieten aus dem Lot. Bestenfalls handelte ich mir eine für meine Verhältnisse passable Marathonzeit ein. Und die würde mich dann nicht wirklich interessieren, wie mich alles Erreichte im nachhinein nicht mehr sonderlich beschäftigt. Sollte ich diese Zeit mit der besten aller Teilnehmer an meinem Lauf vergleichen oder mit der schlechtesten? Sollte ich herausfinden, wo ich unter meinen Altersgenossen anzusiedeln bin? Wie viele Jüngere ich ausgestochen habe? Solche Fragen werden tagtäglich gestellt, und das mit vollem Ernst. Und die Antworten kommen heute per Post ins Haus, hat man sich zu einem Marathonlauf erst einmal ordentlich angemeldet. Sie flattern dann in den Briefkasten als maschinelle Glückwunschkarte mit Startnummer, erreichtem Platz (im Pulk wie in der eigenen Altersriege), gelaufener Zeit und Durchschnittsgeschwindigkeit (in km/h und pro gelaufenem km). Warum fehlen solchen Computerbotschaften eigentlich noch Lebendgewicht beim Start und am Ziel, Temperatur und Feuchtigkeit der Luft, Stärke und Richtung des Windes, Art und Ergiebigkeit der Niederschläge?

Da ich meine wiedergewonnene Leistungsfähigkeit lediglich erhalten, nicht aber wesentlich steigern möchte, denke ich allenfalls daran, irgendwann einmal meine 6 km im Wechsel mit 9 km zu laufen und mich vielleicht auf diese Weise von meinem derzeitigen 6-km- auf ein 9-km-Plateau zu heben. Das ließe sich binnen weniger Monate ohne große Anstrengung bewerkstelligen, indem ich meine Wochenstrecken von 6, 6, 6, 6, 6 km über 6, 6, 9, 6, 6 km, 6, 9, 6, 9, 6 km, 9, 6, 9, 6, 9 km 9, 9, 6, 9, 9 schließlich auf 9, 9, 9, 9, 9 km steigerte und dergestalt von meinem derzeitigen Wochenpensum von 30 km peu à peu zu einem von 45 km gelangte. Wie man sieht, üben diese Fünfergruppen von Zahlen einen gewissen Reiz auf mich aus, verbildlichen sie doch die Symmetrie meiner Werktagswochenstruktur, mit dem Mittwoch dort, wohin er gehört. Damit schösse ich jedoch mit einiger Sicherheit bereits am Ziel meiner Trottwünsche vorbei, denn fünfmal in der Woche 9 km zu trotten fände ich doch leicht übertrieben. Gegen Ende so mancher Runde würde Langeweile mich packen. Vielleicht fiele mir dann auch ein, daß die Experten der Ansicht sind, die Verletzungsgefahr nehme bei einer Wochendistanz von mehr als 40 km spürbar zu. Und wenn man gar länger als eine Dreiviertelstunde laufe, deuten sie dumpf an, könne das, was bislang spielerisch geschah, fortan zur Sucht ausarten. Das möchte ich keinesfalls riskieren. So werde ich es wohl bei Gedankenspielchen belassen.

Eine Sache für sich wäre ein Trott bis an meine Leistungsgrenze. Ein solches Experiment möchte ich gelegentlich versuchen. Das wäre dann mein erster richtiger Langstreckentest und bliebe vermutlich mein letzter. Es müßte sich um einen verlockend schönen Morgen im frühen Sommer oder im Herbst handeln. Ich würde die Satteltaschen meines Rades mit etlichen Flaschen Mineralwasser füllen. Als erstes würde ich eine 9-km-Runde laufen, danach trinken und je nachdem, wie ich mich fühle, eine weitere 9-km- oder aber eine 6-km-Runde anhängen. Ich würde abermals zur Flasche greifen und schließlich, solange die Füße tragen, zu 3-km-Runden übergehen. Der Gedanke an einen solchen Versuch gefällt mir, weil ich dadurch herausfände, was sich an Trottpotential inzwischen in mir angesammelt hat, und weil ich unter Hähern und Spechten dann einmal den einsamen Helden spielen könnte. Ganz gleich, was dabei herauskäme, es würde sicherlich eine für mich respektable Distanz. Diese gälte es dann gebührend zu feiern. Ich bin aber sicher, daß ich danach wieder zufrieden in den üblichen Trott zurückfallen würde. Die 6 oder 9 km, fast stets auf derselben Strecke getrabt und immer im Uhrzeigersinn, sind eben mein Limit. «Nichts zu viel», heißt ein den Sieben Weisen zugeschriebener Spruch, und mit ihm bin ich gut gefahren, gestiegen und getrottet. Am Ende meiner Waldrunde bin ich nie erschöpft, sondern fühle mich stets wohler als an ihrem Anfang. Was will ich mehr? Und Abwechslung bietet sie mir mehr als genug. «Getting good at it» überschrieb James Fixx das siebte Kapitel seiner Lauffibel. «Getting good at it» bedeutet für mich nicht, öfter zu laufen oder weiter oder schneller, sondern leicht und spielerisch. Das erscheint mir viel wichtiger.

Die Erfahrung lehre, so lese ich bei manchem Augur, daß den zunächst ehrgeizlosen Allerwelts*jogger* mit der Zeit nach mehr Pfeffer gelüste und er sich schließlich zum leistungsorientierten Langstreckenläufer mausere. Das mag ja so sein, aber diese Spezies wird mich immer mit Verwunderung erfüllen. Und mit Mitleid. Ist hier doch der Punkt erreicht, wo die Gefahr auftritt, daß jemand laufsüchtig wird. Wo tun sich dann für diesen Bedauernswerten noch Grenzen auf? Beim Marathon? Bei den 52 Meilen von London nach Brighton? Beim 100-km-Lauf von Biel? Bei der Durchquerung der Sahara? Der USA von Boston bis San Francisco? Und was soll den armen Irren dann noch davon abhalten, von Wladiwostok nach Lissabon zu laufen oder den Globus zu umrunden oder doch wenigstens, wie es kürzlich ein leidensfroher Tropf aus deutschen Landen auf dem Rennrad fertigbrachte, den australischen Kontinent?

Die Frage «Wie schnell?» ist für mich kein Thema mehr. Anfangs lief ich viel zu hastig und brach nach wenigen Minuten regelmäßig zusammen. Aber auch später kam es vor, daß ich nach zwei oder drei Kilometern eine Gehstrecke von einigen Minuten einlegen mußte. Dieses Pausieren kam mir wie ein Rückfall vor, wie das Eingeständnis einer Niederlage. Wiederum später legte ich bisweilen pro Runde ganz bewußt zwei bis drei Gehintervalle ein und freute mich sogar darüber. Ich fragte nicht mehr nach den Gründen, die eine Reduzierung des Tempos gerade hier und jetzt erforderten. Inzwischen ist das alles Vergangenheit, weil ich stark genug bin, meine Runde in jeder Verfassung und bei jedem Wetter mehr oder minder leicht und locker zu durchtraben, freilich nach dem eigenen Atemgesetz. Als ich kürzlich wieder einmal mit der Tochter austrabte, ließ sie es für meine Verhältnisse zu schnell angehen. Ich suchte meinen Atemrhythmus vergebens, geriet ins Hecheln und brachte die Spitze mit dem Hilferuf «Stop» zum Halten. Wir gingen eine Weile. Dann trottete ich auf meine Weise weiter, kaum weniger schnell. Fast vergessen sind auch jene Appelle, die ich auf der großen Acht manchmal nach 6 km an mich richtete: «Nun hast du zwei Drittel hinter dir. Das letzte Drittel wirst du auch noch schaffen!» Natürlich schaffte ich es. Des Appells hätte es nicht bedurft. Die Regelmäßigkeit meiner Trotte und mein ausgefuchster Atemrhythmus ermöglichen mir nun auch die 9 km, wann immer ich sie nach Kilometer 2 anpeile.

Schnelligkeit als die Zeit, die ich für meine Strecke brauche, interessiert mich nicht die Bohne. Einst fragte mich jemand nach ihr. Ich wußte sie nicht. Um seine Neugier zu befriedigen, stellte ich sie fest und teilte sie ihm mit. Nun läßt mich dieser Mensch, den wohl komparative Hintergedanken quälten, in Frieden. Allerdings fasziniert mich hin und wieder die Dynamik meines Trottes. Zur zweiten Natur ist mir inzwischen der mit einigen sich beschleunigenden Gehschritten in extrem langsames Trotten hinübergleitende Anfang geworden. Meine Schritte können gar nicht kurz genug sein. Greisenhaft tripple ich dahin. Dieser Auftakt hat etwas Stakkatohaftes. Nach einer Weile strecken und verlangsamen sich meine Schritte un-

versehens. Der Lauf wird runder und harmonischer. Nun wird mir Trotten zur ästhetischen Erfahrung. Die allmähliche Steigerung meiner Geschwindigkeit erfolgt ohne jegliche Anstrengung. Manchmal renne ich die ansteigende Strecke im fünften Kilometer förmlich hinauf, um dann wieder in den gemütlichen Trott zurückzufallen. Ertappe ich mich bei solcher Forcierung des Tempos, frage ich mich manchmal nach dem Grund für die Eile. Eine gescheite Antwort weiß ich nie. Ich glaube jedoch, daß es bisweilen eine gewisse Ungeduld ist, die mich im letzten Drittel treibt. Vielleicht klinke ich mich bereits hier unbewußt wieder in den Tag ein, der auf mich wartet. Wäre das der Fall, sollte ich mir gegen Ende der Runde eher noch mehr Zeit lassen. Die Welt bekommt mich eh früh genug zurück. Oder? Die manchmal eingestreuten Sprints im letzten Kilometer, stets eine Sache von Lust und Laune, zeigen, daß es mir gut geht und daß ich weit innerhalb der mir gegebenen Möglichkeiten trotte. Es sind Zeichen des Übermuts. Ich hebe dann kräftiger ab und ziehe den Schritt länger aus. Hin und wieder habe ich das letzte Wäldchen regelrecht durchflogen, ohne – und das ist ein untrügliches Indiz meiner guten Verfassung – aus dem Atemrhythmus zu kommen. Das war in meinen Waldanfängen ganz anders. Nur die allerletzten Meter zum wartenden Fahrrad trotte ich stets aus. Ich lasse mich hängen. Ich baumle als nasses Handtuch von der Wäscheleine.

Da die Schnelligkeit für mich eine Sache ist, die sich täglich neu und von selbst regelt, haben die Ratschläge der Meister für mich an Bedeutung verloren. Wichtiger erscheint mir, daß ich seit Jahren einigermaßen regelmäßig trotte, daß ich immer Geduld mit mir habe, daß ich schwere und leichte Waldtage so nehme, wie sie kommen, daß ich nicht auf permanente Steigerung aus bin, daß die Verbesserung sich vielmehr als größere Leichtigkeit zu erkennen gibt. Sprech- und Summtests zur Ermittlung meines optimalen Tempos kümmern mich ebenso wenig wie meine einstige und stets vergebliche Suche nach dem mythischen zweiten Wind. Einige Gesalbte fühlen diese Thermik offenbar immer zu einem ganz bestimmten Zeitpunkt, etwa nach sechs oder zehn Minuten, und finden danach alles wunderbar leicht und schön. Einen von ihnen ergreift nach einer guten halben Stunde gar ein dritter Wind und beschert ihm einen Ansturm von Gedanken und Erinnerungen. Ich für meinen Teil warte noch heute auf derlei Glückserlebnisse. Mit ziemlicher Regelmäßigkeit fange ich nach dem ersten Kilometer an zu schwitzen. Vielleicht ist das mein zweiter Wind. Jedenfalls will sich die vielbesungene Leichtigkeit des Laufens bei mir nicht so recht einstellen. Manchmal eile ich ab dem ersten Schritt wie Ganymed dahin. Dann wieder watschele ich als bleierne Ente los und brauche ich die Hälfte der Strecke oder noch mehr, bis ich das Gefühl habe, der innere Tempomat sei angesprungen.

Was wenn nicht trotten?

Nach meinem Trottbeginn gab es wiederholt längere Zeiten, in denen ich mich ins Schneckenhaus meiner Indolenz zurückzog. Meist begannen solche trottlosen Phasen mit einigen Regen- oder Reisetagen, und wenn ich danach die Waldflitzer wieder hätte anziehen können, flüsterte mir die Göttin der Trägheit genug Gründe ins Ohr, die mich im bequemen Sessel festhielten. Es gab aber auch Perioden, in denen ich nicht gut traben konnte, obwohl ich es gern getan hätte. Akut hinderten mich am Durchmessen meiner Runde Erkältungen, Grippe, Fieber oder dienstunwillige Stimmbänder. Auch dann lief für mich im Wäldchen nichts.

Der einzige dramatisch verursachte Trottstop ereignete sich vor einigen Sommern auf dem Gang vom Arbeits- ins Badezimmer. Wie meist in dieser Jahreszeit war ich barfuß unterwegs. So kam es, daß mein rechter Fuß beim Verlassen der Werkstätte ungeschützt auf den rechten Türholm prallte. Akutes Unwohlsein befiel mich. Dem Auge bot sich nichts Verdächtiges. Die Diagnose meines Hausarztes fiel zugleich lächerlich und betrüblich aus: es handle sich, sprach er, um den Bruch des kleinen Zehes; Schonung sei angesagt, Schienung unmöglich. Dieser Befund kümmerte mich, da meine Alpenwoche unmittelbar bevorstand. So stieg ich aufs Rad um. Erleichtert erkannte ich, daß Radeln dem Zeh nicht weh tat. Um im Sattel einen annähernd gleichen Trainingseffekt zu erreichen wie beim Trotten, sah ich in Coopers Punktetabellen nach. Das Ergebnis mißfiel mir: ich sollte die auserkorene Strecke mit fast 30 km/h herunterspulen, und das ließ sich, wie ich bald herausfand, auf meiner alten Dreigangmühle nur mühsam bewerkstelligen. So kehrte ich nach übrigens durchaus ertragreicher Bergtour mit genesenem Kleinzeh um eine Erkenntnis reicher in mein Wäldchen zurück.

Echte Alternativen zum Waldtrott habe ich für mich persönlich nicht entdeckt. Radfahren schied aus, auch deshalb, weil ich in Kindheit und Jugend Drahtesel bis zum Überdruß getreten hatte. Weil das muskelbetriebene Zweirad die einzig erschwingliche Art der Fortbewegung war, reiste man in meiner Altersgruppe radelnd von Westfalen in die Heide, das Sauerland, die Niederlande oder den Schwarzwald. Dabei blieb es wegen anhaltend knapper Kasse auch während der Studienzeit. Die zehn Kilometer zwischen Bleibe und Universität spulte ich täglich meist zweimal herunter, weil ich bei den Verwandten gratis und gut essen konnte, während der Mensa-Eintopf dreißig Pfennig kostete (oder waren es vierzig?). Die Straßenbahn bekam während dieser Jahre lediglich bei schlechtem Wetter meinen Obolus. So gewann das Radfahren für mich nie einen besonderen Reiz. Heute mag es jungen Menschen anders gehen.

Nach Cooperschen Vorgaben zu schwimmen fiel mir leichter. Aber um zum Schwimmbad zu gelangen, benötigte ich das Auto. Und lediglich im Sommer hatte ich die leichter zu zählende und morgens relativ wenig besuchte 50-m-Bahn zur Verfügung, während mich in der Hallenbadsaison nicht nur die irre kurze 25-m-Bahn, sondern auch das Gewimmel und der Chlorgestank nervten. Außerdem klang mir beim Eintauchen ins Bakterienbecken die Warnung meiner Frau im Ohr, Badeanstalten seien Pilzbrutstätten. Daß sie damit nicht ganz unrecht hatte, war mir noch aus Schultagen leibhaft in Erinnerung. Wir tummelten uns damals von Anfang Mai bis in den Oktober, wenn bereits die Wasserflöhe vom Becken Besitz ergriffen hatten, an jedem schönen Tag für einen Groschen Eintritt und zuletzt unentgeltlich im städtischen Pfuhl, knackten gemeinsam komplizierte Gleichungen und lateinische Perioden und trugen mancherlei Pilzkrankheit heim.

So blieben mir als Alternative eigentlich nur forcierte Spaziergänge durchs Feld. Spontan habe ich solche nur bei klirrender Kälte unternommen, wenn mir der Gedanke ans Trotten abwegig erschien. Ich durchmaß dann, forsch den Spazierstock schwingend, manchmal auch noch fernglasbewaffnet, was sich allerdings als überflüssig erwies, da es nie etwas Rechtes zu erspähen gab, eine gut 6 km lange Strecke, auf der ich zunächst sechzig Höhenmeter verlor, um sie mir anschließend echauffiert und keuchend wieder einzuhandeln, bevor ich schweißgebadet mein Gartentörchen erreichte. Dieses Tun mißhagte mir bald. Das Schwitzen in Hemd, Pullover, Mantel und Hut empfand ich als äußerst unangenehm. Auch entsprach die nach Cooperschen Regeln erforderliche Hast nicht der dem Gehen – ganz gleich ob Spaziergang oder Wanderung – eigenen Würde. So sagte ich mir nach dem Motto «Wenn schon, dann richtig!», es sei besser, die Distanz zu durchtrotten als zu durchwandern, auch bei Eiseskälte, was mich zudem eine Viertelstunde früher heimbrächte. Ich verabschiedete mich aus dem Feld nicht ganz ohne Bedauern über die heiteren Prospekte, die es mir von Domstadt und Hügelhorizont gewährte, allerdings mit der Gewißheit, daß meine Zeit als Rundwanderer noch kommen werde. Dann jedoch, wenn die hohen Berge endgültig zur Kulisse meiner Erinnerungslandschaft verblaßt sind, gedenke ich es gemächlicher anzugehen.

Dabei bin ich mir darüber im klaren, daß Wandern die dem Menschen adäquate Art der Fortbewegung ist. Für alle, die über genügend Zeit verfügen, gibt es wohl nichts Besseres. Das hat auch mein Lieblingsapostel, lange ein fanatischer Läufer, in einer seiner Altersschriften erkannt. Es gibt mir auch zu denken, daß manche Langlaufstars vergangener Jahrhunderte, vor allem solche von den Britischen Inseln, sich für ihre eigentliche Aufgabe, d. h. ihre gewerblich betriebene Wetthatz, durch konsequent flottes Wandern stählten und auf Lauftraining ganz verzichteten.

Für andere von Gesundheitslehrern empfohlene oder zumindest erwähnte Ersatzbetätigungen erwärmte ich mich nie. Zumindest nicht für die mir möglichen. Stände mein Haus 300 km weiter südlich, etwa in Appenzell, ich wäre womöglich Bergwanderer geworden und hätte das Trotten gar nicht aufgenommen. Warum auch? Das beste Training für die großen Berge in der Ferne wäre dann der regelmäßige Besuch der kleinen in der Nähe geworden. Auch hätte ich nicht das mindeste gegen Skilanglauf einzuwenden, könnte ich ihn nur regelmäßig betreiben. Dazu müßte ich mich jedoch jenseits des Polarkreises ansiedeln. Daheim hätte die Klimaveränderung der letzten Jahre die einst erwogene Anschaffung entsprechenden Geräts zur krassen Fehlinvestition gemacht. Ballspiele, ob mit der Hand oder mit dem Fuß, ob ins Körbchen oder ins Tor oder ins Loch, ob übers Netz oder gegen die Wand, sind meine Sache nicht. Früher spielte ich Tennis, aber ich glaube nicht, daß Tennis mir heute gäbe, was ich durch Trotten zu erreichen suche. Je besser ich spielte, um so weniger würde ich mich bewegen, und die Bewegungen wären zu kurz und zu abrupt, um mir jene Ausdauer zu schenken, die ich in den Bergen benötige. Und daß Golf, mit dem ich mich einst kurzfristig befaßte, Ausdauer, Kraft und Beweglichkeit entscheidend fördere, glauben wohl nicht einmal alle Pinkel dieser feinen Zunft. Golfer holen sich ihre Punkte auf andere Art, psychisch, sozial, auch geschäftlich. Insofern zahlt sich auch für sie das Einlochen aus.

Sportliches Tun kann man inzwischen ja auch daheim imitieren. Damit meine ich nicht einmal die verschiedentlich empfohlene Praxis, morgens, etwa auf Reisen im Hotel, bei geöffnetem Fenster kolbengleich tretend auf und nieder zu fahren, bis sich das segensreiche Schwitzen einstellt. Solches Tun wäre harrendem Dasitzen sicherlich vorzuziehen, ebenso wie das Treppensteigen dem Betreten des Aufzugs. Ein Guru spricht davon, daß man mit nur vierzig absolvierten Stockwerken pro Tag die Konstitution bereits spürbar fördere. Das wäre mit akribisch geführter Strichliste sicherlich in den Griff zu bekommen. Unter New Yorker Gesundheitsneurotikern ist das Treppaufrennen ja brandaktuell. Den entsprechenden Marathon ermöglicht das Empire State Building. Nein, mit Nachahmung meine ich apparativen Sport.

Immer einmal gab es einen Augenblick, wo ich an die Installierung eines der Foltergeräte im Keller dachte. Auf der Veranda eines amerikanischen Freundes erblickte ich ein Übungsrad. Nun hätte ich Jack, damals bereits Mittsiebziger, stark übergewichtig und von Rückgratproblemen geplagt, alles mögliche zugetraut, nur nicht, daß er ein solches Monstrum je besteigen würde. Die Betätigung hätte ihm zweifellos gut getan, aber er lebte bereits seit mehr als einem halben Jahrhundert von der Erinnerung an jene sportlichen Glanzzeiten, von denen drei vergilbte Fotos im Wohnzimmer künden, die ihn als *team captain* von Baseball-, Football- und Basketball-Mannschaften zeigen. Kurz und gut, die Pedale hat er auch nie kreisen lassen, wie mir seine Frau bei meinem nächsten Besuch verriet, als ich das Gerät vermißte. Smarter Geschäftsmann, der er zeitlebens war, hatte er es inzwischen wieder veräußert, mit Profit. So kann Sport auch dem nützen, der bloß mit dem Gedanken an seinen Nutzen spielt. In Rays Riesenkeller bewunderte ich einen Ruderapparat, mit dem der Freund sich, den nächsten Marathon fest im Blick, fleißig den imaginären Fluß hinaufarbeitet, Stromschnellen trotzend, bis er, der Quelle schon nah, knirschend auf Grund läuft. Im Arbeitszimmer eines deutschen Kollegen machte ich die Bekanntschaft mit einer den Skilanglauf nachempfindenden, bei Nichtgebrauch auf erstaunlich kleinen Raum zusammenklappbaren Konstruktion, die, hatte man erst die nötige Behendigkeit gewonnen, von beträchtlicher Attraktivität schien. Ich nutzte diese Gelegenheiten, um herauszufinden, wie es ist, wenn man auf der Stelle radelt, rudert, Ski läuft. Wie ich auch im Sportgeschäft aufs Laufband stieg, als es um den Kauf meines ersten Trottschuhpaares ging. So kann ich sagen, daß ich aus eigener, wenngleich bescheidener Erfahrung spreche, wenn ich all diese zweifellos nützlichen Erfindungen ablehne. Sie langweilen mich. Was soll ich mich daheim in einem entlegenen Gemach auf der Stelle abplagen, während in der stickiger werdenden Luft die Fensterscheiben langsam beschlagen, wenn ich den erwünschten Effekt billiger und besser draußen haben kann? Das Argument nasser und kalter Tage verfängt bei mir nicht, denn sie kommen selten und können mir nichts mehr anhaben. Vielmehr glaube ich, daß sie meine Widerstandskraft stärken. Ebensowenig rührt mich der Hinweis auf mögliche Zeitersparnis. Um wieviel kranker kann unsere Gesellschaft eigentlich noch werden? Bedarf nicht alles seiner Zeit? Was soll ich von dem Manager halten, der, in ergonomisch korrekter Haltung, mit beißenden Schweißperlen in den Augen die *Financial Times liest*, hin und wieder einen Blick auf die Multi-LCD-Anzeige für Zeit, Geschwindigkeit, zurückgelegte Strecke, Puls und Energieverbrauch werfend, während seine unteren Extremitäten gleichmäßig vor sich hinmahlen? Er müßte sich bei diesem Tun nur einmal in aller Ruhe beobachten können. Derartiges Gehampel könnte ich mir lediglich als von schwerer Krankheit Genesender auf ausdrückliche Anordnung meines Arztes vorstellen. Und bei jenen, die nicht wie unsere Politiker und Industriellen hundert Stunden in der Woche das Wohl des Volkes bzw. ihrer Beschäftigten mehren oder zu mehren vorgeben, sondern, immer weniger arbeitend, hurtig von der Vierzig- über die Zwanzig- auf die Null-Stunden-Woche zueilen, sofern sie nicht schon dort angekommen sind, verfängt das Scheinargument der mangelnden Zeit noch weniger, haben sie doch bereits heute reichlich Zeit für mehr Trotten, als ihnen guttäte.

Zu erwähnen bleibt, daß sich Gurus in ihren Aufrechnungen diverser Formen körperlichen Tuns unter dem Aspekt des Kalorienverbrauchs pro Stunde weitgehend über die höheren Ränge auf der Intensitätsskala und somit über die prinzipiell erstrebenswerten Arten körperlicher Ertüchtigung einig sind. Ganz oben rangiert das Trotten, gefolgt, etwa gleichwertig, von Schwimmen und Radfahren. Dahinter kommt schnelles Gehen. Ganz am Ende, noch weit hinter Golf, findet sich Kegeln.

Es gibt mir zu denken, daß Trotten, Gehen und Schwimmen natürliche Formen menschlicher Fortbewegung sind und daß mit dem Radfahren der apparative Sport beginnt. Vielleicht liegt der tiefere Sinn von Badminton, Basketball, Eishockey, Faust- und Fußball, Golf, Handball, Hockey, Kegeln, Squash, Tennis, Volley- und Wasserball darin, daß die einer dieser Sportarten Ergebenen jeweils bemüht sind, die zu bewegenden Objekte möglichst geschickt dorthin zu befördern, wohin sie gehören, nämlich weg von sich selbst. Es geht ihnen darum, sich ihrer zu entledigen. All diese Ballsportarten, von denen ich einige sattsam kennenlernte, sind mir, werden sie wettkampfmäßig betrieben, suspekt. Ihr Witz liegt darin, mit geringstmöglichem Aufwand dem anderen trickreich einen überzubraten. Ob einzelne oder Mannschaften gegeneinander antreten, es gilt, sich durchzusetzen, zu punkten, schließlich zu siegen. Dabei dient der Ball den Agierenden als Waffe, als Geschoß. Ihn, den Unerwünschten, muß man loswerden, indem man ihn so in den gegnerischen Dunstkreis setzt, daß eine Retourkutsche nicht mehr möglich ist.

Von den Schuhen

Zum Erwerb meiner ersten richtigen Waldtreter entschloß ich mich, als mir endgültig bewußt wurde, daß die alte Gattung Turnschuh der neuen Spezies Laufschuh gewichen war. Der Kauf fand noch zu jener Zeit statt, als man im Laden bestenfalls unter drei Fabrikaten wählen konnte. Die Objekte meines Entzückens mit dem vielversprechenden Namen *Adidas Marathon* fand ich auf Anhieb überraschend leicht und bequem. Als ich sie erstmals ausführte, sah ich mich in meiner Wahl glänzend bestätigt. Ich gewann das ganz neuartige Gefühl, Dahintraben auf Waldboden gehöre zu den schöneren der menschlichen Betätigungen. Ich trottete gut gefedert und trat sicher auf. Meine Füße fühlten sich einfach wohl. Diese Schuhe dienten mir mehrere Jahre, auch in den Vereinigten Staaten, wo sie Bewunderer fanden. Ihren letzten Einsatz erlebten sie, bereits arg ramponiert, im Hochgebirge. Ich hatte mich für einen Kletterkurs in den Berchtesgadener Alpen angemeldet und wollte die Trottsenioren als bequeme Hüttenschuhe nutzen. Mit Billigung meines Bergführers trugen sie mich dann anstelle meiner schweren Bergstiefel durch ragende Kalkwände. Am Ende der Woche ließ ich sie auf der Blaueishütte zurück, in der Hoffnung, irgendwer möchte in sie hineinschlüpfen und tagsüber kletternd oder abends ruhend an ihnen Gefallen finden. Wie ich das alpine Völkchen kenne, ist genau das eingetreten.

Im Winter zuvor hatte ich mir ein Paar hohe Treter derselben Marke namens *Rusher High* mit Goretexoberteil zugelegt. Meine Vorstellung, mit ihnen vorm nässenden Tiefschnee gefeit zu sein, erwies sich als prinzipiell richtig. Nur ist Schnee in einer zum Einsatz der Hochschäftigen ermunternden Höhe seitdem kaum mehr gefallen. Auch hätte ich vor dem Kauf die Knobelbecher im Geschäft unbedingt einem ausgiebigen Probetrott unterziehen sollen, denn sie erwiesen sich bereits beim ersten Einsatz in tiefem Pulverschnee, d. h. auf denkbar bestgedämpfter Unterlage, als in der

Sohle viel zu steif und daher untragbar. Außerdem empfand ich sie bald als eine halbe Nummer zu klein. Ich schrieb sie als totale Fehlinvestition ab. Teuer wie sie waren, wollte ich sie nicht ohne weiteres abservieren. So dienen sie mir nun während der matschigen Früh- und Spätsaison bei der Gartenarbeit.

Zu meinem dritten Trottpaar griff ich, weil mein Freund Ray, der Marathonläufer, diese Marke einst lobte. Die Treter hießen *Karhu Synchron Air Cushion* und kosteten abermals mehr als selbst die teuren Schneestiefel. Ihrem Namen machten sie indessen Ehre. Leider fuhr bald ein entsetzlicher Sturm durch mein Wäldchen, knickte ganze Bestände, machte einige meiner Wege unpassierbar und schuf neue Lichtungen, deren lückenlose Aufforstung ich nicht mehr erleben werde. Ein harmlos herumliegender Zweig stellte sich auf, riß ein beträchtliches Loch in meinen rechten Schuh und lädierte mir zu allem Unglück noch den Fuß. Die Wunde heilte, das Loch erwies sich als irreparabel. Da es den Luftkissentrottern nicht vergönnt war, viele Kilometer zu sammeln, fungierten sie danach als Ersatzpaar für schlechtes Wetter. Kürzlich gab ich ihnen den Laufpaß. Ihr Oberleder war so steif geworden, daß mir die Zehen zu schmerzen begannen. So gingen gerade meine Besten am schnellsten dahin.

Das vierte, wiederum teurere und bis vor kurzem seinen Dienst versehende Paar kaufte ich als erstes

unter fachmännischer Anleitung. Inzwischen war für mich als Laien der Trottschuhmarkt völlig unüberschaubar geworden, und ich war dankbar, daß der mich beratende und offenbar selbst als *Jogger* erfahrene junge Herr alle ihm zur Verfügung stehenden Mittel einsetzte, um durch ein Ausschlußverfahren unter den zahlreichen Modellen das für mich geeignete herauszufiltern. Schließlich stellte er mir drei Fabrikate zur Wahl. Heute denke ich mir, daß es angesichts der in der Folgezeit rapide ansteigenden Preise sinnvoll gewesen wäre, gleich alle drei Paare mitzunehmen. Jedoch war ich mir damals noch nicht sicher, ob die Anschaffung sich auch gelohnt hätte. Andererseits habe ich mir seitdem gesagt, daß es für mich mehr als ausreicht, pro Saison ein neues Paar Trotter zu kaufen, da ständig neue Modelle auf den Markt geworfen werden und zumindest nicht ganz auszuschließen ist, daß das neue vielleicht doch besser ist als das alte. So kaufte ich mir ein einziges Paar und trottete mit ihm problemlos nach Warschau und zurück.

Das fünfte Paar wurde für mich, wie die Deutschen sagen, zum *flop*. Es hieß *Nike Air Max ST*. Wie bei kleinen, bissigen Knallbonbons werden die Bezeichnungen für Trottschuhwerk immer länger und alberner. Die kaufende Welt will eben betrogen werden. Davon leben schließlich auch die Werbeleute, und offenbar gar nicht schlecht. Ich fand diesen Schuh durchaus bequem, allerdings nur, solange ich ging, und nicht mehr, als ich in ihm meine erste Waldrunde drehte, denn mich beschlich das Gefühl, hinten zu tief zu sitzen und bei jedem Schritt eine zu große Hebelleistung vollbringen zu müssen. Dieses Gefühl fand ich durch eine zweite Runde bestätigt. Obwohl mich ein Orthopäde ermutigte, auch in diesen Fersenabsenkern zu trotten, weiß ich derzeit nicht so recht, was ich mit ihnen anfangen soll. Im Alltag sehen sie gut aus, allerdings nur, wie meine Tochter sagt, unter weißen Shorts. Und weiße Shorts kann ich nicht immer tragen. Auch sind sie noch zu neu, als daß ich sie in einem Anfall von Philanthropie in einer Berghütte einem alpinen Zweitverwender überlassen möchte. So wurde der *Nike* für mich nicht zur strahlenden Göttin des Sieges, sondern zum Problem.

Derzeit verrichtet seinen Walddienst das sechste Paar, ein Nachfahr des vierten, das den urdeutschen Namen *Adidas Equipment Running Support* trägt. Von allen bisherigen Schuhen ist es das mir genehmste. Der entscheidende Vorteil gegenüber den früheren Trottunterlagen liegt darin, daß dieses Modell nicht nur meinen Hinterfuß zuverlässig am Spann festhält, sondern daß sich mein Vorderfuß im Schuh nach Gusto entfalten kann. Im vorderen Teil brauche ich einfach Raum, ohne zu schwimmen, und dieser Schuh macht genau das möglich.

Wie beim Bergsteigen blieben für mich beim Waldtrotten die Schuhe die einzige größere Investition. Früh habe ich erkannt, daß es meinem Knochengerüst abträglich sein könnte, in erster Linie auf den Preis zu schauen. Die Gründe liegen in beiden Fällen auf der Hand. Am Berg bleiben, trotz des Anblicks, den armmuskelbepackte *free climbers* vor applaudierendem Publikum im Scheinwerferlicht überdachter Zehnmeterwände bei der Ausübung ihres Hangelgewerbes vermitteln, die unteren Extremitäten weit wichtiger als die oberen. Der *homo erectus* hat, sollte es ihn dann noch geben, sicherlich etliche Jahrtausende weiterzustolzieren, bevor er zum *homo pendens* aufsteigen könnte. Vielleicht sucht sich hier ja auch nur eine auf Rückenlage erpichte Spezies von den Aufrechten abzuspalten. Bis auf weiteres jedenfalls verlasse ich mich in den Bergen auf die Füße und nicht auf krallende Finger. Noch braucht der Bergsteiger nicht den für die einander ausstechen wollenden narzißtischen Spinnenmenschen unentbehrlichen Kreidesack, und Bergschuhe müssen in den Punkten Stützung, Führung, Federung, Stabilität, Bequemlichkeit und Haltbarkeit meinen Ansprüchen genügen. Insbesondere müssen sie ihre Qualitäten bei den langen Abstiegen beweisen, wo sie Schritt für Schritt ein Vielfaches des Körpergewichts auffangen, von dem des Rucksacks ganz zu schweigen. Daß heutzutage fast alle Trottschuhe diesen Aufprall zufriedenstellend dämpfen, ist Zeichen der unter Konkurrenzdruck gestiegenen Qualität. Dennoch gilt es jeweils, aus dem Angebot das für mich ideale Paar herauszufinden. Es muß passen, stützen und dämpfen; und es muß sich leicht anziehen und schnüren lassen. Dabei helfen mir Fachgeschäfte mit ihrer zunehmend besser geschulten Beraterphalanx.

Jeder Besuch zum Zwecke des Erwerbs eines neuen Paares gleicht inzwischen einer kleinen Feier. Dem mir entgegentretenden Experten beantworte ich alle Fragen offen und ehrlich. Er (einmal handelte es sich auch um sie) will wissen, was ich wiege, wie oft ich trabe, ob auf hartem Grund oder auf weichem. Derlei Intimes offenbare ich umstandslos. Auch stelle ich mich willig dem Trottbandtest, der zeigt, ob mein Fuß optimal aufprallt oder nicht. So stellte sich beim letzten Kauf heraus, daß der Fuß während der Abrollphase verstärkt zum Einknicken neigt. Ich bin, so nennen sie das, ein Überpronierer. Sei's drum. Also erstand ich Überpronationsschuhe. Damit machte ich wohl nichts falsch. Seitdem haben Tests jedoch ergeben, daß auch die meisten für normale Füße produzierten

Laufschuhe den beim Aufkommen verstärkt einknickenden Trotter hinreichend abstützen.

Erst wenn ich die Qual der Wahl unter mehreren empfohlenen Fabrikaten habe, trete ich in die entscheidende Kaufphase ein. Ich lasse mir Zeit beim An- und Ausprobieren, um sicherzugehen, daß der Schuh paßt und seine Sohlen flexibel sind. Ich gehe und trotte im Geschäft umher, wenn es geht treppauf, treppab. Ich spreche mit dem Verkäufer über alles, was ich ihm zum Thema entlocken kann. Ich drehe eine zweite Ladenrunde. Schwanke ich zwischen zwei Größen, so entscheide ich mich für ein Paar, das eine halbe Nummer größer ist. Erst in dieser Schlußphase beginne ich, Preise in meine Entscheidung einzubeziehen, wobei anzumerken wäre, daß der übertriebene Modellwechsel bei den Trottschuhen zur Folge hat, daß ich, wenn ich mich zum richtigen Zeitpunkt eindecke, bei einem Auslaufmodell gut und gern einen Hunderter sparen kann. Den Ausschlag geben letztendlich vermeintliche Kleinigkeiten, die auf Dauer jedoch eine große Rolle spielen können. In manche Schuhe schlüpfe ich leichter hinein als in andere. Mein aktuelles Paar ist unübertroffen in der Leichtigkeit, mit der es sich anziehen und schnüren läßt, während sein Vorgänger derselben Marke stets nach dem Schuhanzieher schrie. Außerdem ist die Zunge an der äußeren Seite fest mit dem Schuh verbunden, was besseren Sitz ergibt. Schließlich achte ich darauf, daß die Ösen verstärkt sind und nicht einreißen können. Dieses Malheur passierte mir einmal; erfreulicherweise nahm das Geschäft die Ösenschwächlinge anstandslos zurück.

Das Soll eines Trottpaares liegt bei 1500 bis 2000 km. Dann rangiere ich es aus, obwohl das Profil meist noch ordentlich aussieht. Ich höre halt auf die Gurus, die meinen, daß nach dieser Distanz die Stütz-, Führungs- und Dämpfungsqualitäten nachlassen. So wird es wohl sein. Das neue Paar erkläre ich zu meinen Schönwettertretern. Es macht seine Vorgänger zu Trotteltern, die fürderhin bei Nässe und Matsch Dienst tun, und befördert deren Vorgänger zu Trottgroßeltern, die im Garten Verwendung finden. Da es selten regnet, sammelt das neuerworbene Paar rasch seine Kilometer.

Von der Bekleidung

Im letzten Winter trabte mir in meinem Wäldchen ein Mann mit Prinz-Heinrich-Mütze, Lederjacke, Kordhose und Wanderstiefeln entgegen. In der linken Hand trug er einen Stock. Mir ist im Leben alles mögliche entgegengekommen, aber diese Erscheinung gab mir doch zu denken. Lief dieser Mensch öfter in seiner Gewandung? Erblickte ich in ihm einen Großadmiral oder einen Generalinspekteur der Marine? Oder handelte es sich um einen plebejischen Spaziergänger, den die Lust gepackt hatte, einmal auszuprobieren, ob eine schnellere Gangart ihm zusage? Was auch immer: der Mann mit der eichenlaubbeschirmten Schiffermütze zeigte Konsequenz, trug er doch im Wald, was ihn auch in der Stadt kleidete. Er hatte sich für den Waldtrab gar nicht umgezogen. Nämliches tun etliche eingefleischte *Jogger* in den Vereinigten Staaten umgekehrt auch nicht. Diese Sportsfreunde sehe ich über Landstraßen zur Arbeit *joggen*, oft mit geschultertem Rucksack, damit ihre Gelenke auch tüchtig gestaucht werden. Erlebe ich hier eine Gesellschaft im Umbruch? Machen hier einige kompromißlose Pendler Schluß mit der Trennung von privater und beruflicher Welt, ganz nebenbei dieselstinkenden Grünen ein ökologisches Zeichen setzend? Kreieren hier bekennende Individualisten einen neuen Stil, indem sie ihr *running outfit* zur Berufskleidung erklären? Oder indem sie eine Mode schöpfen, die beide Welten ineins setzt? Zeichnete sich hier der Beginn einer Entwicklung ab, ihre Vorläufer wären mir weit voraus, denn ich finde es zweckmäßiger, eigene Trottkleider zu tragen.

Inzwischen kann man ja auch als *Jogger* Geld zum Fenster hinauswerfen. Dieser Verlockung erliegen selbst jene Besitzer von stattlichen Bäuchen, deren buntglänzende Trilobalzweiteiler bloß dem Erstehen der morgendlichen Brötchen dienen. Derart gewandet zwischen Wohnung und Einkaufszentrum einherstolzierend bekunden diese Bauchvorfallbalancierer ihre grundsätzliche Bereitschaft zu einem für sie gottlob in der Sphäre des Virtuellen bleibenden Trabunternehmen. Da mir der Modeteufel wenig zusetzt, knausere ich beim Erwerb der Trottkleidung. Der einzige springende Punkt, physiologisch und finanziell, ist die Wahl des richtigen Schuhs. Bei den übrigen Kleidungsstücken improvisiere ich.

In der warmen Saison, von April bis September, manchmal von März bis Oktober, trotte ich in einer einzigen bewährten Ausstattung. Um die Stirn trage ich gerade bei Hitze, da der Schweiß dann üppiger perlt, ein entsprechendes Band, das in Fachgeschäften leider mehr kostet, als sein schnell ausleierndes Material wert ist, und das ich gelegentlich auch schon durch ein geknotetes Taschentuch ersetzt habe. Den Torso stecke ich in Shorts. Darüber ziehe ich ein T-Shirt. Es ist innen flauschig, denn es soll meine Brustwarzen schonen. Diese an meinem Körper im Prinzip unnützen Doppelpunkte bereiteten mir früher unter rauhem Stoff erhebliches Ungemach: sie begannen unterwegs zu schmerzen und fingen dann auch noch an zu bluten. Das beunruhigte mich. Ließ sich die Pein nicht länger aushalten, rollte ich beim Traben das T-Shirt ein- und aufwärts, bis das geschundene Warzenpaar frei im lindernden Trottwind lag. Dieses Verfahren brachte auch der Bauchnabelregion willkommene Kühlung. Jedoch zeigte sich sein Nachteil bei Gegenverkehr. Nahte ein Waldmensch, galt es, das T-Shirt-Rollo unverzüglich schamhaft hinabzulassen. Das gelang mir nie ganz ohne Schuldgefühl. Konnte ich denn sicher sein, daß der (oder gar die) Entgegenkommende mich nicht bereits von fern als Exhibitionisten erkannt hatte? Prophylaktisches Überkleben mit Hansaplast half wenig, denn das Pflaster pflegte sich unterwegs zu lösen. Saß es aber einmal fest, dann klebte es richtig. Es wollte hinterher nicht weichen und machte das Abreißen zum Martyrium. An den Füßen trage ich Baumwollsocken, neuerdings auch solche der teureren Art, die nahtlos den Fuß umschmeicheln, und als Krönung des Ganzen kommode Treter.

Ende September oder Anfang Oktober kommt der Tag, an dem ich auf Winterausrüstung umschalte. Diese ziehe ich eher zu früh als zu spät an und lege sie selbst an warmen Spätherbst- und Frühwintertagen nicht mehr ab. Es ist mein bewußt und genießerisch vollzogener Einstieg in die vierte Jahreszeit, ein symbolischer Abschied vom Sommerbogen. Ich weiß, was ich tue, denn lieber schwitze ich etwas mehr unter warmer Abdeckung, als daß ich mir bei plötzlichem kalten Wind unter leichten Stoffen eine Erkältung hole. Selbst nach dem Sprießen der Schneeglöckchen, Krokusse, Narzissen und Primeln warte ich noch eine Weile, bis ich mich entblättere. Blüht der Flieder, wird es aber auch für mich Zeit.

Die Winterrüstung besteht, von innen nach außen aufgezählt, aus Slip, Baumwollsocken, langer Unterhose, flauschigem Unterhemd, Schal, einem winddichten zweiteiligen Anzug, Wollmütze und alten Lederhandschuhen. Die ideale Oberbekleidung wäre möglicherweise ein aus Goretex oder ähnlichem Material bestehender Anzug: er würde Körperdampf hinaus- und Regen nicht hineinlassen. Einen solchen habe ich bisher, knickerig wie ich bin, nicht angeschafft. Ich trage leichte, preiswerte Gewandungen mit weichem Baumwollfutter und Außenstoff aus Polyamid. Diese erstehe ich im Winter- und Sommerschlußverkauf. Ich habe den Eindruck, daß das Material fast unbegrenzt haltbar ist. In der Regel fangen irgendwann die gummierten Teile an zu kleben; die Reißverschlüsse fahren sich fest und geben schließlich den Geist auf. So trage ich trottend jeweils die auslau-

fende Mode durch mein Wäldchen. Mich stört's ebensowenig wie Raupen oder Rehe. Für meine Zwecke reichen zwei dieser später, wenn sie ausrangiert sind, bei der Gartenarbeit weiterhin nützlichen Zweiteiler. Ist der erste durchgeschwitzt und verdreckt, nehme ich den zweiten. Ist auch der nicht mehr riechbar, werfe ich beide samt Unterbekleidung in die Waschmaschine und je nach Verschmutzungsgrad die Treter gleich hinterher. Anschließend wandert die Ladung in den Trockner, wo die Treter gehörig rumpeln, ohne dem Trockner zu schaden. Man sollte nicht glauben, wie neu die wertvollen Stücke herauskommen. Bei trockenem Wetter trage ich die neue Ausrüstung. Die alte fungiert an Matschtagen. Ist der Winter ausnahmsweise einmal saukalt, decke ich mich je nach Bedarf aus dem Schrank für Berg- und Skisachen ein. Dort finde ich vor allem geeignete Handschuhe und Unterwäsche.

Die Abschottung gegen die Winterkälte und insbesondere gegen den Gott sei Dank seltenen, aber, wenn er auftritt, durchdringenden Ostwind betreibe ich gewissenhaft, seitdem ich mir vor etlichen Jahren durch Leichtsinn die Blase und auch die Prostata verkühlte und deshalb jeweils längere Zeit pausieren mußte, dabei erstmals erkennend, was das unbemerkte Funktionieren dieser je verschiedene Aufgaben erfüllenden Organe mir wert sein sollte. Schwitzen schadet mir nicht, da ich nach durchmessener Runde stracks heimwärts radle und binnen fünf Minuten im Nachtrottmantel dasitze. Im Gegenteil: trabend schaffe ich mir nebenbei ein kostenloses Saunavergnügen. Andererseits freue ich mich auf den ersten richtigen Frühlingstag, an dem ich wieder leichtbekleidet umhertrotten kann. Dieser Tag erinnert mich an jenen in der Kindheit, wenn ich die von einem Leibchen gehaltenen braunen Wollbeinkleider mit Kniestrümpfen vertauschen durfte, die ich, kaum war ich dem mütterlichen Blickkreis entronnen, prompt zu Socken verkürzte, um die mein Gebein umspielenden lauen Lenzlüfte ungefiltert genießen zu können. Doppelt stark dufteten dann die Veilchen. Noch heute meine ich, fortan leichter zu traben. Selbst dann trage ich noch eine Weile meine Handschuhe. Mir Entgegenwandernde mag das befremden, aber ich bin als Trottanfänger dreimal gestürzt und habe mir dabei unter anderem die Handflächen eklig aufgeschürft.

Um abschließend meine Kostenbilanz fürs Trotten preiszugeben: Früher, als ich noch zum Waldparkplatz rollte, hätte ich mit den Benzinkosten anfangen müssen. Eines Tages zog ich das Rad vor, weil selbst bei der kurzen Heimfahrt die Autoscheiben beschlugen. Lasse ich die schwierig zu kalkulierende Abnutzung der Fahrradreifen einmal außer acht, belastet mich mein Tun im Wald im Jahresdurchschnitt mit etwa zweihundert Mark. Dabei entfällt der Löwenanteil auf die spätestens alle zwei Jahre fälligen Supertreter. So werde ich monatlich insgesamt mit einer Summe zur Kasse gebeten, welche die Kosten von zwei Maß Oktoberfestbier kaum erreicht.

Von der Buchführung

Bald nachdem ich mit dem Traben begonnen hatte, widmete ich meinen Waldgängen eine nagelneue Kladde mit imitiertem Wildledereinband und schrieb auf ihre erste Seite «Laufbuch». Zunächst eifrig, später sporadisch notierte ich, wann ich wo getrottet war und wie ich mich jeweils gefühlt hatte. Auch wechselnde Distanzen und die für ihr Durcheilen benötigten Zeiten beschäftigten mich. Ich erstand eine Stoppuhr, borgte mir das mit einem Kilometerzähler ausgerüstete Fahrrad eines Schulkameraden meiner Tochter, vermaß allerlei Strecken, addierte sie, wie erwähnt, zu verschiedenen Distanzen von 800 bis 3200 m, entschied mich vorab für eine reizvoll sich dahinschlängelnde 2660-m-Runde und schnellte mit laufender Stoppuhr los. Vor allem der erste Kilometer hatte es mir damals angetan. Jeden hurtigen Durchgang protokollierte ich nicht ohne Stolz mit der Lässigkeit des Siegers, so als hätte ich stets von neuem ein Wettrennen gegen mein gestriges Ich gewonnen. Alle naselang reichte ich mir einen frischen Lorbeerkranz. Ich war auf dem Weg, mich zu versklaven. Das konnte nicht gutgehen. Bald erhob der gesunde Menschenverstand Einspruch und setzte sich gegen den Ehrgeiz durch. Ich entlarvte mein Tun als Unfug und verlor alsbald das Interesse daran, in der Doppelfunktion als Rundraser und zuschauender Applaudeur aufzutreten und dem unschuldigen Papier die Gefühle eines Irren auf der Jagd nach immer neuen persönlichen Rekorden anzuvertrauen. Als mir das Dokument kürzlich beim Aufräumen in die Hände fiel, kamen mir meine damaligen euphorischen Autodiagnosen total überspannt vor. Ich erkannte, daß die wichtigste Distanz, die ich zwischen der Niederschrift und ihrer Wiederentdeckung zurückgelegt hatte, in ebendiesem Verzicht auf die Pose des Lob und Tadel austeilenden Kontrolleurs seiner selbst bestand, der hier eine wundersame Metamorphose zum Läufer verewigen wollte. Ich riß die beschriebenen Seiten heraus und trug sie zur grünen Tonne.

Dennoch betrachte ich rückblickend diese ambitiösen Aufzeichnungen nicht als völlig nutzlos. Ich denke vielmehr, daß sie mir durch Wirrungen halfen, aus denen am Ende ein zufriedener Trotter hervortrat. Verzapfter Unsinn gewinnt ja, vertraut man ihn geduldigem Papier an, Spiegelcharakter, sofern man nur wagt, in den Spiegel hineinzusehen. Die Stoppuhr übrigens, ein preiswertes Digitalgerät mit einer Schnur zum Umhängen, habe ich immer noch. Da ich keine Uhr trage, andererseits bisweilen wissen möchte, wann mir die Stunde schlägt, erinnert mich ihr Wecker piepsend daran, daß ich mich einer anderen Tätigkeit zuwenden sollte. Im Wald dagegen hatte der Chronometer bereits früh ausgedient.

Als ich Ende November 1991 in einem Fachgeschäft mein viertes Paar Laufschuhe erstand, bekam ich gratis einen Taschenkalender in Leporelloform für 1992 hinzu. Irgendwo hatte ich gelesen, daß man mit Laufschuhen tunlichst nicht mehr als 1000 km traben sollte. Also nutzte ich den Kalender, um über die durchtrotteten Strecken Buch zu führen und an Wochen- sowie an Monatsenden die gelaufenen Kilometer zu addieren. Bald ging ich dazu über, auch die Außentemperatur und die Zeit meiner Rückkehr in den geliebten Sessel zu notieren. Schließlich fügte ich jeden Montag mein Nettogewicht und einmal im Monat meinen morgendlichen

Ruhepuls hinzu. Der Ruhepuls begann mich nach einiger Zeit zu langweilen; also strich ich ihn wieder. Da ich wechselweise mit zwei Paar Schuhen zu trotten pflegte, fügte ich eine Rubrik hinzu, in der ich festhielt, ob ich mit dem neuen oder dem alten Paar unterwegs war. Aber auch diese Spalte schloß sich bald von allein, da ich die Zusammenzählerei als lästig, vor allem aber als überflüssig empfand. Ein Paar Schuhe rangiere ich nun nach Gefühl aus, nicht mehr nach Kilometerstand. Die verbliebenen Eintragungen – Temperatur, gelaufene Strecke, Zeit der Rückkehr, Gewicht – sind mir seitdem zur lieben Gewohnheit geworden. Kehre ich zurück, stelle ich das Rad auf die Terrasse, hänge die verschwitzten Sachen auf die Leine, ziehe meinen Nachschwitzmorgenmantel an, mache es mir bequem, proste mir mit Mineralwasser zu, greife nach links, hole meinen Kalender vom Regal und trage die neuen Daten ein: «3° – 6 km – 11²³ …»

Mit der Zeit haben sich die nüchternen Zahlenreihen zu einer stattlichen Bilanz addiert, die mich beim gelegentlichen Zurückblättern mit tiefer Befriedigung erfüllt, dokumentiert sie doch klipp und klar meine Mobilität. Ich freue mich über die durchmessenen Distanzen. Sie führen mir vor Augen, was ich wann für meine Gesundheit tat. Wenn mein Trotten, was immer sonst es mir bedeuten mag, einem «putting miles in the bank» gleichkommt, wie manche Gurus das sinnvoll verbildlichen, dann ist mein Trottkalender das Hauptbuch, in dem ich, Sparer und Bankier in Personalunion, die Einzahlungen aufs Konto verbuche und mich über die langsam auflaufenden Zinsen freue.

Einem Problem sah ich mich im Oktober 1992 konfrontiert, als ich nichts Konkretes in meinen Leporello eintragen konnte, weil ich die ganze Zeit in den Vereinigten Staaten verbrachte. Sollte ich nicht wenigstens vermerken, daß ich, wenn auch nur sporadisch, in der Neuen Welt getrottet war? Nach einiger Überlegung tat ich nichts dergleichen. Wozu sollte ich mich vor mir selbst rechtfertigen oder gar entschuldigen? Warum sollte ich in Zukunft jede Reise, ob kurz oder lang, sowie alle Unpäßlichkeiten vor einem inneren Aufseher gewissermaßen als Erklärung dafür anführen, daß die Monatsbilanz einmal bescheidener oder nicht genau zählbar ausgefallen war?

Inzwischen möchte ich die Eintragungen nicht mehr missen. Kein in meinem Wald gelaufener Kilometer bleibt unnotiert. Der kleine Kalender hat mir unter anderem gezeigt, daß die Zeit vor dem Mittagessen meine erste Wahl ist und der frühe Morgen erst die zweite; daß ich nicht jemand bin, der jeden Tag trotten möchte; daß ich stark in einem Wochenrhythmus empfinde; daß ich im ersten Jahresquartal besonders eifrig bin, im zweiten und dritten deutlich nachlasse, im vierten dagegen wieder zulege; daß intensive und lässige Phasen einander ablösen; daß die jährlich getrottete Strecke mit der Zeit auf über 1000 km gewachsen ist; daß extreme Kälte und Hitze mich kaum noch schrecken; daß die Waldrunden sich positiv auf mein Gewicht ausgewirkt haben: erst senkten sie es, seitdem halten sie es stabil; und daß meine Schuhe länger halten als erwartet.

Buch zu führen über meine Trottaktivitäten entwickelte sich zu einem Spiel, das ich inzwischen mit Wohlgefallen, doch ohne allen Ehrgeiz betreibe. Gibt es trägere Monate, werden sie durch eifrigere aufgewogen, und schließlich ist alles wieder im Lot. Es reicht mir festzustellen, daß meine Bilanz stattlich ist. Immerhin befinde ich mich selbst bei optimistischer Betrachtung bereits am Ende des zweiten Lebensdrittels. Es könnte auch schon das Ende des dritten Lebensviertels sein.

Vom Strecken und Stärken

Daß jemand spontan auf die Idee kommt, vor dem Loslaufen Streck- und Stärkungsübungen zu machen, kann ich mir noch heute kaum vorstellen. Jahre hat es gedauert, bis ich mich zu einem Minimum vorbereitender Exerzitien bequemte, und erst, nachdem ich mich ihnen mehr oder minder regelmäßig unterzog, begann ich ihren Sinn zu begreifen. Mein langes Zögern mag mit dem Scheitern mehrerer Ansätze zusammenhängen, in einem ungestörten Winkel meines Hauses der Segnungen des Yoga teilhaftig zu werden. Ich fand die einzunehmenden Stellungen beschwerlich und langweilig. Nach kurzer Zeit verlor ich schlicht und einfach die Geduld. Nur wenig besser erging es mir mit autogenem Training: wieviel Mühe ich mir auch immer gab, die Empfindungen von Schwere und Wärme wollten sich nie so recht einstellen. *Jogger*, die ich vor oder auch nach ihrer Waldrunde am Parkplatz oder gar unterwegs irgendwo im tiefen Forst sich dehnend und streckend antraf, blieben mir fremde Wesen. Sie vermittelten mir das ungute Gefühl, daß sie irgendwas besser machten als ich; doch empfand ich kein Bedürfnis, ihnen nachzueifern.

Was ich zum Thema *Stretching*, wie es neudeutsch heißt, in amerikanischen Fibeln fand, ödete mich an. Und die Abbildung, mit der ein deutsches Gurupaar sein Kapitel «Körperschule» eröffnet, schreckte mich regelrecht ab, hastet hier doch ein gleich dem armen Karnickel vor seinem letzten Gang zur Pfanne abgedecktes Wesen auf mich zu und dann, eine Linkswendung vollführend und seine rechte und nicht minder abstoßende Flanke zur Schau stellend, an mir vorbei. Blutrot schwellen an diesem freudlos blickenden Gehäuteten die Muskeln, und alle, vom *M. trapezius* bis zum *M. flexor digitorum longus* nicht weniger als 48, werden sie treu und brav aufgezählt. Aber dabei bleibt es. Im Kapitel selbst, das die Verfasser tautologisch «Dehngymnastik, Stretching» überschreiben, nehmen sie – einer der beiden ist, wie der Rückendeckel meldet, «Arzt (Orthopäde)» – auf dieses Muskelgewimmel keinerlei Bezug mehr. Sie behalten ihr Herrschaftswissen einfach für sich. Vielleicht ist das auch besser so. Wozu dann aber die aus einem Anatomiebuch abgekupferte Abbildung des *homo erectus*, dem man das Fell über die Ohren zog? Ich fand sie in höchstem Maße demotivierend, blätterte weiter und sah mich in meiner Ansicht bestätigt, daß es für mich als Trotter durchaus entbehrlich sei, alle diese Mäuschen beim Namen oder gar in ihrer Funktion zu kennen. «Sicher», sagte ich mir, «der gute Doktor muß herausfinden, welchen Muskel es erwischt hat, sollte ich ihn eines Tages hinkend aufsuchen, aber dann kommt die Aufklärung für mich ja noch rechtzeitig.»

Das wenige, was ich neuerdings dehnend, streckend und stärkend vollbringe, verdanke ich jenem amerikanischen Apostel, der an einer Stelle bekennt, diese Übungen seien zwar schön und gut, aber oft genug, wenn es ihn pressierte, sei er ohne diese Präliminarien losgetrabt, da er die kurze Zeit lieber laufend als sich dehnend verbrachte. Das leuchtete mir jahrelang ein. Zwischendurch meinen Trott zu unterbrechen, um dann die heilsamen

Verrichtungen zum bestmöglichen Zeitpunkt einzuschieben, fiel mir nie ein. Die das empfehlen, mögen ja recht haben; aber mein Trott ist nun einmal ein Ritual, das Unterbrechungen nicht duldet. Und hinterher die von den Weisen empfohlene Gymnastik zu treiben liegt mir noch ferner. Zum einen bin ich dafür zu träge; zum anderen widme ich die Zeit nach der Rückkehr der stillen Feier des im Wald Erlebten.

Die ideale Vorbereitung auf meinen Trott bleibt eine Jätrunde im Garten. Wie oft habe ich mich nicht in die Trottkluft geworfen und bin mit tiefgreifendem Stecher diversen Unkräutern gnadenlos an die Wurzel gegangen, um nach ihrer Exhumierung und Kompostierung zufrieden aufs Rad zu steigen, in mein Wäldchen zu fahren und gelöst dahinzuschweben! Aber selbst im Mai, wenn die hinter dem Haus wuchernde Ackerwinde urplötzlich den ganzen Gärtner zu fordern beginnt, bietet sich mir aus Zeitmangel nicht immer die Gelegenheit zu solch idealer Präparation. Eine gleichwertige Alternative entdeckte ich eher zufällig nach forciertem Marsch vom Büro nach Hause. Zivil bekleidet brachte ich die durch Felder und Obstplantagen führende und im letzten Drittel gewaltig ansteigende Strecke von 6,3 km in einer knappen Stunde hinter mich und schloß, obwohl ich mir hätte sagen können, bereits genug für meine Physis getan zu haben, gleich eine Waldrunde an. Nie bin ich leichter einhergesegelt als an jenem Nachmittag.

Um aber auf meine Übungen zu kommen, die mir, nachdem ich alles Mögliche ausprobiert hatte, seit einiger Zeit vor dem Trott sinnvoll erscheinen. Es sind ihrer vier. Ich bin bereit, mich dieser Prozedur zu unterziehen, da ich begriffen habe, daß beim Trotten die Muskeln meiner Rückseite sich verkürzen, an Flexibilität verlieren und daher gestreckt werden wollen, während ihre relativ gering beanspruchten Gegenspieler auf meiner Vorderseite schwach werden und der Stärkung bedürfen.

Zunächst stelle ich mich vor eine Wand, lege die Hände mit waagrecht ausgestreckten Armen an sie und schlurfe flachfüßig abwechselnd stückchenweise rückwärts, bis die Füße einen knappen Meter von ihr entfernt sind. Dabei halte ich die Beine durchgestreckt. Um die Wirkung der Übung zu verstärken, stelle ich mich sodann abwechselnd auf ein Bein und lehne den Körper wippend einwärts. Ich richte mich wieder auf und wiederhole die Übung zweimal. Eine Variante besteht darin, daß ich mich einen Meter von der Wand entfernt aufstelle und mich langsam gegen sie lehne, bis mein Kopf sie berührt. Dann verharre ich mit flach auf dem Boden aufgesetzten Füßen und gestreckten Beinen. Ich lehne mich mit Gefühl nach vorn, weil die Streckung mir zunächst etwas weh tut. Das gibt sich jedoch nach kurzer Zeit. Ich fühle, daß diese Übung mir in beiden Ausführungen mehr hilft als jede andere und daß sie mir ausreicht, wenn ich für weitere keinen Sinn habe. Trotte ich ohne sie los, bereitet mir die Waden- und Fußmuskulatur auf den ersten Kilometern bisweilen Probleme. Führe ich sie dagegen mit etwas Geduld aus, fühle ich mich gut vorbereitet, auch wenn sie die einzige geblieben ist.

Die zweite Übung findet an derselben Stelle statt. Wieder strecke ich die Arme waagrecht aus und lege die Handflächen gegen die Wand. Dann beuge ich, flachfüßig verharrend, langsam die Knie, bis ich im unteren Waden- und im Fersenbereich Widerstand spüre. Der Körper bleibt aufrecht, die Arme halten die Horizontale. Schließlich richte ich mich langsam wieder auf. Während dieser Übung beobachte ich, wie je nach meiner Biegsamkeit die Hände 10–20 cm an der Wand herunter- und wieder heraufrutschen. Auch diese Übung mache ich dreimal.

Die dritte Übung behagt mir bis heute nicht recht, weil sie mir mehr Mühe bereitet. Ich lege mein linkes Bein auf die Fensterbank, strecke beide Beine und beuge mich mit dem Oberkörper nach vorn, soweit es geht. Hier habe ich größere Widerstände zu überwinden als bei der ersten Übung. Dann wiederhole ich die Prozedur mit dem anderen Bein. Obwohl mitunter das Rückgrat knackt, denke ich mir, daß gerade dieser Akt auch meinem Kreuz zugute kommt.

Für die vierte Übung lege ich mich rücklings auf den Boden und verankere meine oben durch ein Kissen gepolsterten Füße unter jenem Heizkörper, auf dem im Winter die Trottsachen bereits vorgewärmt werden. Ober- und Unterschenkel bilden etwa einen rechten Winkel. Die Hände falte ich hinter dem Kopf. Dann erhebe ich mich langsam in eine fast sitzende Position. Während dieser Phase atme ich aus. Beim anschließenden Zurücksinken atme ich ein. Dieses Auf und Nieder absolviere ich zwölfmal und spüre, wie es meine Bauchmuskeln kräftigt. Nach Ansicht der Weisen kann man bei dieser Übung allerlei falsch machen. Offenbar liegt der Witz darin, daß man sie langsam ausführt und sich nicht übernimmt. Sie scheint ja auch wie gemacht für Leistungsneurotiker. Und Marathonpriester pflegen ihrer Gemeinde gerade diese Form der Selbstkasteiung gern aufzuerlegen.

Obwohl ich dieses Minimalprogramm noch immer recht langweilig finde, möchte ich es inzwischen nicht mehr missen, wenigstens im Prinzip nicht, denn wann immer ich ohne die vier Übungen lostrabe, merke ich am Anfang, daß sie mir fehlen. Mein Herz und meine Lunge gaben mir nie Probleme auf, aber meine Muskeln machen mir auf den ersten Kilometern bisweilen doch ein wenig zu schaffen. Übe ich vorher, danken sie's mir.

Von den Wehwehchen

Trottende können nicht mit dem Applaus ihrer Umgebung rechnen. Aus der eher skeptischen Einstellung mancher Mitmenschen gegenüber meinem Tun im Wald schließe ich, daß sie es der Kategorie fruchtloser, wenn nicht gar gesundheitsgefährdender Aktivitäten zuordnen. Diese Zeitgenossen fühlen sich daheim wohler und geben sich beneidenswert rege. Sie wischen und putzen, bosseln und basteln, graben und pflanzen, düngen und jäten, sprengen und mähen, säen und ernten. Sie hegen und pflegen die Enkelkinder und fahren die lieben Kleinen spazieren. Als überwältigter und zugleich betroffener Zeuge solch routinierter Betriebsamkeit, deren Erfüllung bereits im Tun liegen mag, beobachte ich, wie es gerade Winzlingen problemlos gelingt, rüstige Großeltern auf Trab und so bei Stimme und Gesundheit zu halten. Gilt es, in einem Gehege gar deren zwei gleichzeitig zu hüten, eines etwa bereits im avancierten Schaukelalter, das andere noch in der für das spätere seelische Gleichgewicht so wichtigen suizidalen Phase umstandslosen oralen Auskostens der greifbaren Umwelt, mag eine gutmütige Superoma stärker gefordert sein, als wenn sie eine Waldrunde absolvierte. So verschafft die dritte Generation der ersten gesunde Bewegung und und die erste der bequem gewordenen zweiten von der dritten freie Abende und Wochenenden. Ab und zu steigen solche Frühpensionäre gar aufs Rad. Im Herbst suchen sie in meinem Wäldchen nach Pilzen. Auch in die Sauna und zur Gymnastik treibt es sie. Das ist, nimmt man es zusammen, allerhand. Und es lastet sie aus. Immerhin gehen sie wie ich mächtig aufs Alter zu, und manche sind mir dabei gar um einige Schritte voraus. Kein Wunder, wenn sie finden, wie auch ich es lange tat, daß jede über ihr gerütteltes Pensum hinausgehende Anstrengung exotisch sei. Ich verstehe diese Emsigen, lebte ich doch selbst lange genug nach derselben Façon, wenn auch noch weit träger als sie, da ich zur Durchführung meiner größeren Projekte Muße brauche, und zwar nicht zuwenig. Inzwischen teile ich ihre Ansichten jedoch nicht mehr. Vielmehr denke ich mir, daß eher ich es bin, der seiner Menschennatur entsprechend lebt, sollten wir doch alle eher wandern als werkeln.

Doch könnten sich jene, die es ablehnen zu trotten, auf manche Verfasser von Laufbüchern berufen, die Anfängern eher Angst als Mut machen. Gurus schicken nämlich die nicht mehr ganz knackigen unter den Bewegungswilligen statt auf die Piste zunächst gern zum Arzt. Möglicherweise wollen sie sich nur davor schützen, im Falle einer Unterlassung von den zu Schaden Gekommenen regreßpflichtig gemacht zu werden. Lese ich zudem die oft ausführlichen Kapitel über die Fährnisse, die beim Laufen auftreten können, gerate ich in Versuchung, arbeitslosen Jungärzten zu empfehlen, sich auf Sportmedizin mit Schwerpunkt Orthopädie zu spezialisieren, da *Joggern* an Muskeln, Sehnen, Bändern und Knochen so ziemlich alles passieren kann, was sich ausdenken läßt. Glücklicherweise haben mich meine eigenen Erfahrungen eines anderen belehrt.

Über die Jahre tat ich drei Stürze. Die beiden ersten ereigneten sich in meiner Frühzeit als Trotter und sind in der Erinnerung verblaßt. Lediglich die Unfallorte weiß ich noch. Heute führe ich die Malheurs schlicht auf meine körperliche Schwäche zurück. Ich besaß noch nicht die zum hindernisüberwindenden Heben der Füße erforderliche Kraft und Geschicklichkeit. So mußte ich straucheln und fallen. Ich fand mich jeweils in der Horizontalen wieder und verspürte Schmerz. Blessuren ortete ich an den Handflächen und am Knie. Da die lange Hose Löcher aufwies, folgerte ich, daß die Knie schwer zu schützen seien, außer man träte zum Waldtrott gerüstet an wie ein Slalomfahrer oder Eishockeyspieler. Da war wohl wenig zu machen. Für die Hände hingegen schuf ich Abhilfe durch das Tragen ausrangierter Lederhandschuhe, die inzwischen den Weg alles Irdischen gegangen sind und keine Nachfolger mehr fanden, da ich nicht mehr falle. Deren Qualitäten zu erproben bot sich eine einzige Gelegenheit, nämlich bei meinem dritten Sturz. Dieser passierte kurz nach Kilometer 2, als ich mich gerade zugunsten der 9-km-Strecke entschieden hatte. Schuld an diesem Ereignis trug, wie ich tags drauf am Unfallort bei der Rekonstruktion dieses Niedergangs feststellte, eine übersehene Wurzel. Erschwerend kam hinzu, daß der Parcours an dieser Stelle leicht abfällt, so daß meine im Prinzip richtige Idee, bei Gewahrwerden der über mich hereinbrechenden Katastrophe selbst im Straucheln die Flinte nicht ins Korn zu werfen, sondern vielmehr beherzt durchzustarten, nichts fruchtete, sondern ins Gegenteil umschlug. Ich versuchte einen Jesse-Owens-Start,

erreichte dadurch auch fast wieder die zum Weitertrotten bitter nötige annähernde Vertikale, leider jedoch nicht ganz. So fiel ich infolge des durch die Beschleunigung vergrößerten Schubes um so dramatischer auf Mutter Erde und radierte ein Stück auf ihr entlang. Die Schweinsledernen an den Händen bewährten sich glänzend, nicht so das Beinkleid aus Polyamid. Ich blutete, gottlob nicht so stark, daß ich die heroische Runde nicht mit Fassung hätte vollenden können.

Mein Beitrag zur Trottmedizin beschränkt sich im wesentlichen auf das Thema Straucheln und Fallen. Stolpere ich, folgt der Sturz fast automatisch. Vermeiden läßt er sich dann nicht mehr. Die Natur nimmt ihren Lauf. Sollte mir das Mißgeschick ein viertes Mal zustoßen, würde ich im Fallen nicht mehr versuchen durchzustarten, sondern mich ganz im Gegenteil wie der Igel bei Gefahr kugelig machen und mich locker auf die Seite plumpsen lassen. Allerdings habe ich seit meinen drei Absitzern einen weiteren Trottfall eigentlich schon dadurch vermeiden können, daß ich durch regelmäßiges Traben kräftig genug geworden bin, um die Füße adäquat lupfen zu können. Auch achte ich heute konsequenter als vor den drei unglücklichen Fällen auf die wenigen niederträchtigen Stolperwurzeln am Wege sowie auf die nach Stürmen gefallenen, aber auch sonst häufig genug herumliegenden Zweige, die, so harmlos sie dazuliegen scheinen, sich doch unvermutet tückisch, ja schlangengleich aufstellen.

Von sonstigen Mißgeschicken weiß ich wenig zu berichten. Am meisten machte mir vor Jahren zu schaffen, daß Unterkühlungen mich zweimal zum Pausieren zwangen. Das geschah jeweils im Januar und hielt mich für einige Zeit meinem Wäldchen fern. Seitdem habe ich dieser peinlichen Eventualität durch warme Unterbekleidung entgegengewirkt. Überhaupt neige ich dazu, mich eher wärmer anzuziehen als andere, die mir trottend begegnen. In den Vereinigten Staaten wundere ich mich bisweilen, daß Trotter noch bei Minustemperaturen und von der Hudsonbai eisig herunterpfeifendem Nord wie im Hochsommer gewandet daherkommen. Hier, denke ich mir dann, handelt es sich um Nachkommen eingewanderter Engländer, Schotten und Iren. Diese sind, darin ihren zähen Moorschafen verwandt, seit Jahrtausenden gegen Nässe und Kälte gefeit. Gelegentlich litt ich, wie bereits angedeutet, unter aufgescheuerten oder gar blutenden Brustwarzen. Dieses Ungemach befiel mich besonders auf der 9-km-Strecke. Ihm begegne ich nun erfolgreich durch weiche Innen- und Unterstoffe. Andererseits habe ich durch das Trotten diverse meiner früheren Wehwehchen kuriert. Davon später.

Als die Tochter auf die Idee kam, mit mir zu traben, plagten sie mitunter Seitenstiche, obwohl ich nie den Fehler beging, vor ihr herzulaufen. Vielmehr trottete ich zufrieden hinter ihr her, wohl wissend, daß die Jugend dem Alter schnell enteilen würde. Aber sie übernahm sich anfangs trotz gelegentlicher Zurufe, es doch langsamer angehen zu lassen, und meldete Seitenstiche. Diese kannte ich aus eigenen Anfängen. Ich machte mich in den weisen Büchern kundig und konnte ihr einen kurzen Vortrag über vermutliche Ursachen solcher Unpäßlichkeit halten. Inzwischen hatte sich die Jugend jedoch durchgesetzt, und Nöte mit Seitenstichen hat sie meines Wissens seither nicht mehr gehabt.

Gewiß habe ich beim Durchmessen des ersten Drittels meiner Strecke nicht selten Schmerzen in der Wade verspürt, manchmal auch im Oberschenkel. Diese Reaktion meines Körpers kam nie unerwartet; sie zeugte vielmehr von unzureichender Bewegungsfreude. Kuriert habe ich das Übel durch das einfachste aller Mittel, regelmäßiges Trotten. Dadurch ist für mich auch der Muskelkater weitgehend zur Erinnerung verblaßt. Hin und wieder stellte er sich ein, wenn ich in den Alpen ohne die vorher sinnvollen kleineren Touren sofort auf hochgelegene Hütten und von dort auf große Gipfel stieg. Die Anforderungen, die Viertausender an mich stellen, gehen eben doch erheblich über alles hinaus, was ich mir in meinem Wäldchen zumute. Wollte ich mich in der Ebene angemessen auf meine hochalpinen Aktionen vorbereiten, ich müßte mein Laufpensum sicherlich verdoppeln, womöglich gar in den magischen Zirkel der Marathonjünger eintreten. Das aber widerstrebt mir. So habe ich mich wohl oder übel mit dem alpinen Kater abgefunden.

Vom Schaden und Nutzen

Während ich dieses Buch schreibe, stelle ich fest, daß *Jogging* in der Tagespresse an Aufmerksamkeit gewinnt. Ich lese Überschriften wie «Jogger leben länger: Studie warnt aber vor übertriebenen Hoffnungen» und «Jogger sind suchtgefährdet». Der eine Artikel referiert amerikanische Forschungen, denen zufolge sich jüngere Laufanfänger bis zu zwei zusätzliche Lebensjahre erhoffen können, halten sie nur lebenslang durch, ältere immerhin noch zehn Monate. Der andere schlägt Kapital aus dem nach wissenschaftlicher Erkenntnis bei Ausdauersportarten erhöhten Endorphinspiegel: dieser wirke wie ein körpereigenes Opiat und erzeuge Euphorie. Dauerlauf werde zur Droge und damit zwanghaft. Zur Erlangung des Hochgefühls müsse der *Jogger* immer größere Strecken zurücklegen. Komme es so weit, möge er zurückstecken oder mit dem Laufen ganz aufhören. Solche Artikel wecken in laufwilligen Unentschlossenen entweder übersteigerte Hoffnungen oder lähmen sie durch übertriebene Warnungen, indem sie haltlos behaupten, medizinisch bestehe zwischen endorphinsüchtigen Sportlern und Heroinabhängigen eigentlich kein Unterschied. Journalisten, die Forschungsergebnisse popularisieren, sollten das differenzierend tun oder aber das Ressort wechseln. Ein neues zu finden, dürfte ihnen nicht schwerfallen, glauben sich doch diese Meister des Tages inzwischen für alles unter und über dem Mond zuständig. Geschäfte mit der Hoffnung oder der Angst zu machen sollten indessen auch sie als unmoralisch empfinden.

Dabei sind beide Themen, vom Nutzen und vom Schaden des Trottens, ein alter Hut. Vielleicht auch deshalb prägten hämische Beobachter der *Jogging*-Szene den Slogan «Läufer sterben gesünder», als eines der Laufidole der siebziger Jahre, der Amerikaner James Fixx, 1984 im Alter von dreiundvierzig Jahren beim *Joggen* auf einer Landstraße in Vermont mit einem Herzinfarkt tot zusammenbrach. Daß Fixx lange Kettenraucher gewesen war und bereits zwei Infarkte überlebt hatte, spielte für diese Paladine der Leserschaft keine Rolle. Fixx selbst hatte übrigens in seinem immens populären Buch sowohl den Titel «Jogging Can Kill You!» eines *Playboy*-Artikels von 1976 zitiert wie auch die Erkenntnis eines Freundes, «Running is my doctor». Paradoxerweise sollten beide Aussagen auf ihn selbst zutreffen, zuerst die zweite, dann die erste. Dabei wäre anzumerken, daß die erste sich womöglich noch früher bewahrheitet hätte, hätte Fixx sich nicht an die zweite gehalten. Die Obduktion soll übrigens den Verschluß zweier Koronararterien ergeben haben.

Auf die lebensverlängernde Wirkung des Laufens setze ich für meinen Teil nicht. Nachprüfen könnte ich sie eh nicht. Gewänne ich eines Tages das beseligende Gefühl, durch den Dauertrott mein Leben verlängert zu haben, schön und gut. Zumindest kann ich mir, bis es so weit ist, nach jeder Waldrunde sagen, der vorherrschenden Tendenz der abendländischen Menschheit, ihr Leben auf vielfältige Weise zu verkürzen, um es sich dann, am Ende angelangt, medizinisch verlängern zu lassen, wieder einmal entgegengewirkt zu haben. Wann endlich werden Krankenkassen auf die Idee kommen, sich für die gesunden und schädlichen Dauergewohnheiten der bei ihnen Versicherten zu interessieren? Laufsucht dürfte wohl hauptsächlich professionelle Langläufer befallen. Der Kasus des Amateurtrotters, der sich unterderhand zum Marathonfanatiker verwandelt, wird die eher

seltene Ausnahme bleiben. Sein Problem liegt womöglich im seelischen Bereich. Wäre das der Fall, täte ihm ein Gang zum Psychologen gut.

Meine leibhaft erfahrene Schadensbilanz als Trotter beläuft sich auf die drei bereits geschilderten Stürze. Diese ereigneten sich vor langer Zeit. Seelische Schäden habe ich, soweit ich sehe, nicht davongetragen. Auch meine Familie hat durch meinen erst in den letzten Jahren einigermaßen regelmäßigen Waldtrott nicht erkennbar gelitten.

Körperlich genützt hat mir das Trotten dagegen in mancherlei Sicht. Erstens hat es mich in die Lage versetzt, mein Gewicht in den Griff zu bekommen. Nachdem ich mehr als zwanzig Jahren dem permanenten Anstieg meiner Leibesfülle hilflos zugesehen hatte, half mir die Trottrunde, pro Monat ein Kilo zu verlieren, bis mein Gewicht sich auf akzeptablem Niveau einpendelte. Legte ich eine längere Pause ein, zeigte der Pfeil, wie anders kaum zu erwarten, wieder aufwärts. Daß ich langsamer abnahm, als von manchen Auguren geweissagt, enttäuschte mich zunächst. Andererseits erfreute mich die Stetigkeit des eintretenden Gewichtsverlustes. Auch sagte ich mir, daß ich als Neutrotter nie versuchte, meine Eß- und Trinkgewohnheiten zu ändern, da ich anders, als von manchen Gurus prophezeit, das Bedürfnis dazu nicht empfand. Die Gewichtsreduktion trug mir also keineswegs jene Gazellenhaftigkeit bzw. jenen Kadaver-Look ein, der nach Ansicht mancher Meister den wahrhaft Berufenen adelt. Solange die Bekannten einem gutes Aussehen attestierten, meinen diese Kenner, sei man mit Sicherheit noch übergewichtig. Kerngesund und damit zu Ultralangstreckenläufen potentiell in der Lage könne man sich erst dann fühlen, wenn die Umwelt besorgt frage, ob einem etwas fehle. Zweitens hat mich das Trotten weitgehend von fast chronischen Erkältungskrankheiten kuriert. Als Jugendlichen befiel mich oft Heiserkeit. Ich erinnere mich, eines unschönen Morgens ein Zeltlager, in dem ich das Sagen hatte, abrupt, da sprachlos, verlassen zu haben. Die Stimme war mir über Nacht abhanden gekommen. Flüsternd bestimmte ich einen Stellvertreter. Ich radelte heim, legte mich hin und ließ mich mit Hilfe mütterlichen Fliederblütentees kurieren. Heiserkeit befiel mich später noch öfter, ist aber jetzt praktisch verschwunden. Drittens hat sich seit Aufnahme meiner Waldrunde meine körperliche Robustheit erkennbar stabilisiert. Es fällt mir heute nicht schwer, in der Stadt nach getätigtem Einkauf unter Vollast etliche hundert Meter hinter der Linie 17 herzuhasten, um an der nächsten Haltestelle den Bus noch zu erhaschen. Vor Jahren wäre ich bei diesem Versuch halbot auf der Strecke geblieben. Den Kardinalbeweis für die Segnungen des Trottens sehe ich jedoch in meiner alpinen Leistungsfähigkeit, die alles, was ich vor zwanzig Jahren zustande gebracht hätte, in den Schatten stellt. Viertens hat der Waldtrott meine Muskelverspannungen im Schulterbereich weggeblasen. Die durch das berufsbedingt endlose Sitzen hervorgerufenen Schmerzen steigerten sich in den Jahren davor oft so sehr, daß ich weder aus noch ein wußte. Ich ließ mich regelmäßig massieren. Natürlich empfand ich anschließend Linderung. Dabei war ich mir bereits damals darüber im klaren, daß die Masseurin zwar den Symptomen punktuell zuleibe rückte, nicht aber deren eigentlicher Ursache. Fünftens erkenne ich, daß meine Runde mir weitere Früchte körperlichen Wohlbefindens einträgt. Ich erwähne nur, daß auftretende Rückgratbeschwerden sich abmeldeten, nachdem ich regelmäßig zu trotten begann. Denke ich an die im Kreuz Leidenden meiner Altersstufe, Arbeiter des Geistes wie des Körpers, so preise ich mich stets von neuem glücklich, wenn ich einem aus ihrem wachsenden Klagechor begegne. Laienhaft vermute ich, daß der Waldtrott meine rückgratstützende Muskulatur kräftigt.

Meine eigenen Erfahrungen decken sich mit einem Teil dessen, was ich zum Thema lese. Gurubücher werden selten emphatischer und euphorischer als dann, wenn es gilt, die wohltuenden Folgen des *Jogging* zu preisen. Um mich auch hier auf die körperlichen Segnungen zu beschränken: Beharrlich betrieben, verkünden die Meister einhellig, senke *Jogging* Cholesterinspiegel, Blutdruck und Ruhepuls, verringere die Gefahr von Herzerkrankungen, helfe bei Krampfadern und Osteoporose, wirke dem Verlangen nach Nikotin und Alkohol entgegen, verlangsame den Alterungsprozeß, begünstige festeren Schlaf, fördere die Entspanntheit, erhöhe die Durchblutung des Gehirns und steigere, als Zuckerl selten vergessen, die sexuelle Appetenz. An all dem wird wohl einiges wahr sein. Während einige Experten lange Kapitel über Verletzungen des Bewegungsapparates für notwendig erachten, besteht ein gewisser Konsens, daß maßvoll Trottende sich derlei Fährnissen nicht aussetzen. Abnutzungserscheinungen seien in diesen Fällen kaum bekannt. Je öfter, je weiter, je schneller man laufe, um so größer werde indessen die Verletzungsgefahr. Hier geht es aber schon um Bereiche, die mir immer fremd bleiben werden. Viel mehr bewegt mich die gelegentlich gestellte weise Frage, ob wir gesund genug sind, um uns ein träges Leben leisten zu können. Ich für meinen Teil verneine sie heute. Für mich ist das Trotten nicht eine Einladung zu Unfällen, sondern, nebenbei, eine wirkungsvolle Form kostenloser Präventivmedizin.

Eines der kleineren Geschenke, die mir das Trotten macht, ist das des gesteigerten Kalorienverbrauchs. Dieser ist, wie man sich denken kann, recht stark vom Gewicht der trabenden Person abhängig. Radiergummis verdampfen eben mehr Kalorien als Bleistifte. Das mag erstere trösten, wenn sie letztere an sich vorbeischnellen sehen. Andererseits scheint das Tempo wenig mit dem Kalorienverbrauch zu tun zu haben. Was in erster Linie zähle, lese ich, sei die getrottete Distanz. Das zu wissen bedeutet mir allerhand, bestärkt es mich doch bei meinem Versuch, laufend die Langsamkeit zu entdecken und zu kultivieren. Im Durchschnitt könne man für den durchmessenen Kilometer 75 bis 85 Kalorien abschreiben. Das rechnete sich natürlich nicht gut gegen eine anschließend eingefahrene Tafel Schokolade auf. Aber gibt es nicht doch zu denken?

Dem möglicherweise größten Nutzen moderaten Trottens könnte eine neue Richtung der Medizin, die ja die Lehre von den Krankheiten ist, auf die Spur kommen. Sie fragt nach den Selbstheilungskräften, die den *homo sapiens* gesund erhalten oder machen. Ihr scheint endlich, oder abermals, aufzugehen, daß es wesentlich darauf ankomme, ob Menschen in ihrem Leben einen Sinnzusammenhang zu erkennen vermögen und welche Folgen sie daraus für sich ziehen. Viele Krankheiten, vielleicht die meisten, ließen sich so lindern oder gar vermeiden. Umzudenken gelte es. Eine derart neu sich orientierende Medizin könnte in der Tat eine Lehre von der Gesundheit werden. Wird sie das eines Tages, prognostiziere ich, daß gemütliches Trotten in ihr einen wichtigeren Platz einnehmen wird als Pronation oder Supination.

Vom Wetter

Ich trotte bei Wind und Wetter. Die Vorstellung, meinen Parcours bei strömendem Regen zu absolvieren, würde mich zwar schrecken, aber das ist noch nie vorgekommen. Plätterts gegen die Scheiben, bleibe ich im Nest hocken. Manchmal fing es unterwegs an zu fisseln. Oder ein Schauer prasselte hernieder. Nie drang mir jedoch die Nässe bis auf die Haut. Auch das Blattdach hält ja einiges ab. Pitschepatschenaß bin ich meine Runde eigentlich nur nach Regengüssen oder bei Tauwetter getrabt. Dann sind die Trotter im Nu eingesaut, und Matsch färbt die weißen Socken erdig. Das ist aber auch schon alles. Der Boden meines Wäldchens drainiert eben schlecht. Pudelnaß bin ich im Leben selten geworden, und das nie beim Trotten. Der einzige Fall, der in meiner Erinnerung haftet, war die nächtliche Rückfahrt per Rad von einer Tanzveranstaltung aus der Stadt zu meiner dörflichen Bleibe. Es goß so stark, daß im Handumdrehen Anzug, Schlips, Hemd und Untergewänder durch waren. Das Wasser lief mir beim Fahren aus den Hosenbeinen in die Schuhe. Glücklicherweise war es eine warme Julinacht, und so genoß ich schließlich sogar meinen neuen Aggregatzustand.

Ich trabe bei Hitze und Kälte, bei Nebel und Schnee, durch Sturm und Wind, durch Blitz und Donner. Nichts hält mich ab oder streckt mich nieder. Meist jedoch ist das Wetter nicht anders, als ich es auch anderswo erlebe, zum Beispiel auf dem Weg zur Arbeit. Wie sollte es auch? Die zunehmende Dürre der letzten Jahre, die dem Garten arg zusetzte, garantierte mir trockene Waldwege. Die Region, in der ich schon vierzig Jahre lebe, verkarstet eben zusehends. Die Sonne trocknet den Boden dermaßen aus, daß er rissig wird. Ich meine dann, im Schwemmland des Nils zu leben. Die Hortensien lassen die Blätter hängen, der Rasen verbrennt, die Regenwürmer fressen sich zur siebten Sohle hinab, die Amseln sperren jämmerlich die Schnäbel auf – alles Anzeichen des Hitzetodes, dem der Globus entgegensegelt. Beißende Kälte – mein Rekord liegt bei minus 18

Grad – vermochte mir ebensowenig anzuhaben wie ein 34 Grad heißer Sommertag. Wird es schwül, trabe ich einfach langsamer. Das ist der einzige Unterschied. Oder vielleicht nicht der einzige, denn bisweilen wähne ich an solchen Tagen wohlig im Bauch von Mutter Natur zu schwimmen. Wenn die Sonne herunterknallt, halte ich mich, wo immer es geht, im Schatten der Bäume. Bei Sonne, Sturm und Nieselregen bietet mein Wäldchen idealen Schutz. Auch deswegen fühle ich mich dort besser aufgehoben als im Freien der Felder und Landstraßen. Lediglich einen Kilometer lang bin ich auf meiner Standardrunde sengenden Strahlen ausgesetzt. Da muß ich dann einfach durch, meinem Schatten hinterherlaufend, ohne ihn je einzuholen. Auch der seltene, schneidende Nordost packt mich hier von vorn. Gelinden Verdruß bereitet mir nur extreme Luftfeuchtigkeit, aber an meine Grenzen brachte sie mich auch in den USA nie.

Mein Traumwetter dagegen stellt sich oft genug ein: es sind trockene, warme Tage, mit denen ich von März bis Oktober rechnen kann. Die Luft ist stahlig, der Himmel intensiv blau, die Farben beleben, ein Lüftlein umfächelt mich, alles geht leichter vonstatten. Dann trabe ich doppelt gern.

Von den Jahreszeiten

Inzwischen heiße ich für den Rundtrott jede Jahreszeit willkommen, auch trübe Herbst- oder saukalte Wintertage. Das rührt letztlich wohl daher, daß die Runde mir wenigstens für eine Weile das direkt vermittelt, was ich für den Rest des Tages, wenn überhaupt, nur durch Isolierglasfenster gefiltert mitbekomme, ohne drinnen das, was draußen abläuft, zu hören, zu riechen, zu fühlen. Ich bilde mir ein, daß ich für kurze Zeit trabend etwas von dem nachhole, was den Menschen eine Jahrmillion Natur war, bevor sie begannen, sich einzuigeln und ihre Abschottungs- und Immobilisierungsrituale zu inszenieren. Begrenzen nicht viele heutzutage ihren Aktionsbereich schlicht und einfach durch die vier Wände oder den Gartenzaun? Damit befaßt, revierverteidigend Duftmarken zu setzen? Lebe nicht auch ich in dem Gefühl, mich nur in dem souverän bewegen zu können, was ich mein eigen nenne? Stimmte das, wäre dann mein Rundtrott nicht der Versuch, ein Stückchen schwach erinnerter unbegrenzter Mobilität wiederzugewinnen?

Gehört zu dieser Erfahrung nicht auch der Austrott in jeder Jahreszeit? Nicht nur dann, wenn die Sonne es gut meint, die Luft warm ist und der Boden trocken? Verspüre ich nicht, daß ich gerade in der dunklen Periode das Licht brauche, das der nun weitgehend dachlose Wald spendet? Verstehe ich durch mein Trotten nicht besser, warum Pflanzen sich dem Licht zuwenden? Ist der Herbst nicht auch die Zeit, in der es mich drängt, im nach Nordosten gelegenen Arbeitszimmer Kerzen anzuzünden, ohne daß ich über Sinn und Zweck je groß nachgedacht hätte? In der es mich regelmäßiger als sonst in den Forst treibt? Wirke ich dadurch nicht meinem ererbten Winterschlafreflex entgegen? Würden depressive Menschen womöglich weniger leiden, gingen sie in dieser Zeit mehr nach draußen?

Besonders leicht fällt mir das Austrotten natürlich von März bis Oktober. Dann ist es so warm, daß ich mich im Wald instinktiv wohler fühle als

im Haus. Es ist die Zeit des erregenden vegetativen Auf und Ab. Plötzlich dämpfen Weidenkätzchen meine Schritte. Das Grün der Blätter beginnt in allen Schattierungen durchzubrechen. Die Blüten regen sich. Stolz führen sie ihre Farbstafette vor, bevor sie sich in Früchte verwandeln. Lange überlegt sich der Sommer, ob er dem Herbst weichen soll. Und der Herbst steht ihm in seiner Farbenpracht nicht nach. Seine letzten Spuren überdauern den Winter und ziehen sich in den Frühling. Braunblättrige Buchen, die Zweige fiedrig in die wärmende Märzsonne gestreckt, künden vom Vergangenen wie vom Kommenden.

Auch das Winterhalbjahr birgt seine Reize, die ich schätzen lernte und nicht mehr missen möchte. Der Novemberhimmel ist bisweilen klar und blaßblau. Er weckt in mir die Sehnsucht nach dem Altweibersommer Neuenglands und den Wunsch, jetzt einige Tage dort zu wandern. Es riecht nach Bucheckern und Frost. Täglich wate ich tiefer in fallenden Blättern. Ich blicke ihnen nach, wie sie segeln, und begrüße sie als einen Teil meiner selbst. Sie vergilben und vertrocknen und befördern mich zum Laubraschler. Die nun verdeckten Strauchelwurzeln können mich nicht mehr zu Fall bringen, da ich inzwischen genau weiß, wo sie alle sitzen. Der Winter ernennt mich zum Blättertreter. Lange noch, nachdem sie abgefallen sind, lie-

gen Eichenblätter auf dem Boden, platt, bunt, dekorativ und unverrottet. Die tätigen Erdwesen haben an ihnen offenbar länger zu knabbern als an anderem Laub. Wann lösen sich die Gebilde endlich auf? Noch im März bleiben sie sichtbar, platter denn je. Irgendwann im April verlieren sie endlich die Konturen und werden zum Teil des Grundes, auf den sie fielen. Sie kehren zu Mutter Natur zurück, die sie hervorbrachte. Dann fungiere ich als Amselbemitleider. Die schwarzen Tierchen mit den gelben Schnäbeln, deren erfolgreiche Zweikämpfe mit den Regenwürmern im Garten sie mir im Sommer nicht gerade sympathisch machen, dauern mich nun, denn sie tun sich schwer, mir auszuweichen. Nur zögernd ergreifen sie vor mir die Flucht und bekommen Probleme, wenn sie dumm genug sind, in meiner Trottrichtung zu fliehen, denn sie vermögen nicht mit mir Schritt zu halten. Ihr Revier können sie nun nicht mehr verteidigen. Ihnen scheint die Kälte mehr zuzusetzen als mir. Auch machen mich die kurzen Tage zum Eichhörnchenbewunderer, denn das Paar, das ich gegen Ende meiner Runde antreffe, umtollt seinen Kobel so munter wie eh und je.

Mitunter macht mir der Winter sein schönstes Geschenk, das des bereiften Waldes. Eines Januarmorgens lief ich bei hundert Metern Sicht durch eine Märchenwelt. Nicht eine Seele begegnete mir. Frost und Nebel hatten meine Pfade derart verfremdet, daß ich mich an einem Punkte fragte, ob ich noch auf meiner Strecke sei. Natürlich war ich's, wenngleich die Frage mir hinterher weniger albern vorkam als im ersten Augenblick. Der Nebel hatte im Wäldchen ganz neue Raumverhältnisse geschaffen. Dieses Erlebnis wurde kurz darauf durch ein anderes noch übertroffen. Als ich aufs Rad stieg, tobte ein Schneesturm gegen mich an. «Au weia», dachte ich, «das kann ja heiter werden!» Das wurde es auch. Denn als ich meinen Baum einem Schneemann gleich erreichte und die nasse Last von mir schüttelte, hörte der Zinnober mit einem Male auf, und ich trabte durch einen Wald, dessen Stämme westlich weiß und östlich braun erschienen. Dann ging die Sonne auf und rötete die abziehenden Wolken und das weißbehangene Geäst. Ich lief im Farbrausch wie auf Watte. Ich kreuzte viele Amsel- und Hasen-, aber kaum Menschenspuren. «Meister Lampe weilt doch noch unter uns», dachte ich, nachdem ich über die Jahre immer weniger Mümmelmänner gesehen hatte. Ein einziger Pudelmützenträger begegnete mir, und als wir einander zuwinkten, wußten wir, daß wir beide an diesem Sonntagsmorgen, während die Narren unten in der Domstadt noch schliefen, um am Rosenmontag wieder bei Kräften zu sein, das große Los gezogen hatten. Es machte mir Spaß, meine Spuren mit denen der wenigen anderen Menschen zu vergleichen, die noch früher als ich ausgetrabt waren, und am Ende des Rundlaufs, als ich wieder auf meine eigene Fährte stieß, festzustellen, daß ich mit wesentlich kürzerer Schrittlänge losgetrabt als zurückgekehrt war. Gleichzeitig freute ich mich über meine Kondition. Ich hatte sieben Tage nicht trotten können, und als ich loslief, fühlte ich mich schwach und elend. Ich wußte aber, daß sich das ändern würde, und siehe da, die zweite Hälfte dieser Schneerunde wurde zum reinen Genuß.

Inzwischen belehrt mich, wie gesagt, mein Trottbuch, daß das erste Quartal eines jeden Jahres mein eifrigstes ist. Das hat sicherlich nichts mit dem Erlebniswert meines Wäldchens zu tun, denn noch ruht die Natur. Woran es liegt, wüßte ich nicht zu sagen. Verleiht mir etwa der Jahresbeginn mehr Elan, weil ich das Aufsteigen der noch unsichtbaren Kräfte spüre? Im zweiten Quartal, wenn Mutter Natur kreißt, trotte ich dagegen am wenigsten. Auch für diese Trägheit habe ich keine Erklärung. Leide ich womöglich unter Frühjahrsmüdigkeit? Wie im Garten sind die Monate April und Mai im Wäldchen die aufregendsten. Überraschend kündigt sich der holde Lenz dadurch an, daß quer über meinen Weg ein braunes Blatt fliegt. Bei näherem Hinsehen verwandelt es sich in eine Kröte, die dem nahen Bombenlochtümpel zustrebt. Dann fliegt mir ein Insekt ins Auge. Nie sind diese Kreaturen derart klein, lästig und angriffslustig wie Ende März. «Morgen setze ich die Sonnenbrille auf», denke ich dann und tue es doch nicht, weil ich auch die Gläser als Fremdkörper empfände. Nun rollen die Veilchen ihre Teppiche aus, und bald wetteifern die Leberblümchen und Buschwindröschen mit ihnen. Schwirrende Trauben ekliger schwarzer Riesenfliegen machen mir an bestimmten Stellen zu schaffen, allerdings nur wenige Tage lang. Dann haben sie ausgesummt und fahren in die Grube. Wenn Regenwürmer keck zu kriechen, Waldameisen zu wandern und Schnecken ihre grüngelben Eigenheime zu schultern beginnen, weiß ich, daß die Wärme wieder in den Boden greift. Kurz drauf explodiert der Mai. Plötzlich sind sie alle wieder da, meine vergessenen Wegbegleiter, Heckenrose und Hahnenfuß, Brennessel und taumelnde Schmetterlinge und all die anderen namenlosen Gewächse, die mich an ihren Standorten erfreuen. Manche wachsen mit der Zeit über mich hinaus, bevor sie im Herbst wieder vergehen. Sie tragen mich über den hohen Jahresbogen hinweg. Ihr Kreislauf ist kürzer als meiner, aber auch ich, der ich den ihren immer neu erlebe, spüre, wie sich meiner zu runden beginnt.

Neuerdings glaube ich zu erkennen, daß meine Trottfrequenz mit der Kurve meiner Kreativität harmoniert. Schon vor langer Zeit kam ich den Gezeiten meines Einfallsreichtums auf die Schliche, als ich über meine regelmäßig sich einstellende Hochsommerebbe einmal ernsthaft nachdachte. Wenn die stille Zeit der heißen Mittagsstunden über mich kommt, so weiß ich nun, brauche ich einfach eine Periode tatenloser Verzückung. Wenn dann das Laub sich färbt, wache ich auf und reibe mir die Augen. Fangen die Blätter an, zu Boden zu segeln, bin ich voll da. Nun spüre ich das Bedürfnis loszulegen. Nichts hemmt jetzt meinen Erkenntnisdrang, habe ich mir nur in der Zeit davor durch geduldige, manchmal hartnäckige Plackerei die Grundlage für einen Höhenflug geschaffen. Mein Verlangen, mit Ideen zu spielen, geht mit mir durch. Ich vermag, leichter zu assoziieren, freier zu imaginieren. Ich gebe eingeschliffenen Denkmustern für eine Weile den Laufpaß. Habe ich Glück, springe ich förmlich aus der Furche. Ich bewege mich quer zu den parallel gezogenen Ackerbeeten. Ich deliriere. Ich weiche vom Normalen ab, doch mein Bewußtsein ist alles andere als getrübt, und ich fasele nicht. Vielmehr gelang es mir, gewohnten Kategorien zu entschlüpfen. Im Frühwinter schwächt sich meine Energie wieder ab. Um die Jahreswende kehrt sie zurück und trägt mich weit ins Frühjahr hinein. Dann erlahmt sie endgültig. Die schöpferische Kraft zieht sich zurück wie die Tulpenblätter nach der Blüte. Ruhend sammelt die Zwiebel neue Kraft. Landläufig arbeiten kann ich auch über den Sommerbogen hinweg, aber eben in der Furche, routiniert und geduldig den Pflug haltend. Suchte ich dann den Dingen auf den Grund zu gehen, ich vermöchte es nicht. Größeres beginne ich nach Möglichkeit im Herbst, am Beginn des Winterbogens. Ich kann den Herbstanfang kaum erwarten. So fallen auf merkwürdige Weise die Zeiten, in denen ich oft und gern und leicht und gelöst trotte, mit denen zusammen, in denen ich ganz besonders vor Kreativität berste.

Von anderen Waldwesen

Zuerst waren es die Rehe, die meine Aufmerksamkeit erregten, wenn ich sie morgens auf meinem Waldweg erspähte oder auch seitab. Bisweilen erschreckten sie mich, wenn sie sich, bevor ich sie gewahr wurde, krachend in die Büsche schlugen. Immer faszinierte mich ihre hüpfende Eleganz. Sie wären die geborenen Hürdenläufer, dachte ich dann, wären sie so dumm, es Stadionflöhen gleichzutun. Dann fielen mir die Eichelhäher auf, wenn sie an bestimmten Punkten den übrigen Waldbewohnern von meinem unerhörten Durchtrott kündeten. Im Sommer nervten sie mich mit ihrem Gekreische. Wenn im Winter ihr Kommunikationsservice ausfiel, vermißte ich sie. Im Vorfrühling meldeten sie sich zurück und gingen mir von neuem auf den Geist. Mehrere Tage lang hackte ein Specht, den ich nie zu Gesicht bekam, in seinem Bezirk. Warum nur, fragte ich mich, muß er partout zehnmal pro Sekunde zuschlagen, wo die Borkenviecher, hinter denen er her war, gegen ihn doch eh keine Chance hatten? Er hätte sich doch Zeit lassen können!

Revierverteidigende Amseln, die mich als Eindringling betrachten, kenne ich aus langer Beobachtung, besonders vom morgendlichen Weg von der Haustür zur Zeitungsschatulle an der Gartenpforte. Dort stehen sie auf dem Rasen Spalier. Sie erwarten mich förmlich und fürchten mich nicht mehr. Sie halten im wichtigen Geschäft des Würmchenzupfens einfach inne und sehen mir zu, bis ich mit meiner Gazette wieder abzwitschere. Die regelmäßig auftauchende Spitzwegfigur im grünen Morgenrock bildet einen festen Bestandteil ihres Erlebnishorizonts. Was mag wohl, werden sie sich denken, wenn ich einmal nicht erscheine, aus dem Grünling geworden sein? In einem Gebüsch meines Wäldchens ist das anders. Hier wollen die Schwarzgelben um alles in der Welt nicht weichen. Handelt es sich etwa, frage ich mich im Vorbeitrotten, um eine privilegierte Nistlage? Meist lasse ich sie in ihrem berechtigten Glauben, daß sie daheim sind, während ich ihr

Territorium kühn durchschneide. Manchmal jedoch reitet mich der Teufel, und urplötzlich schlage ich flügelgleich mit den Armen. Dann geben sie aber Fersengeld!

Neulich fuhr mir unvermittelt der unheimliche Schrei eines Kauzes ins Gebein. Ich hatte morgens nicht mit diesem Nachtwesen gerechnet. Hatte er schlecht geträumt? Mehrere Jahre kreuzten an einer Stelle Waldameisen meinen Weg, und ich hütete mich, auch nur eine von ihnen zu zertreten. Immer tat ich den bewußten großen Sprung und fühlte mich wie Gulliver im Land der Liliputaner. Dann verzogen sie mit unbekannter Adresse. Mit den an der Nordseite meines Wäldchens beheimateten roten, neuerdings auch braunschwarzen Nacktschnecken hätte ich weniger Erbarmen, stehe ich mit diesen Schleimlingen doch im Garten auf Kriegsfuß, da sie mir das Basilikum, kaum habe ich es ins Freie gesetzt, ratzekahl fressen. Aber anders als dort habe ich keiner von ihnen den Garaus gemacht.

Inzwischen empfinde ich all die gefiederten, die vierbeinigen und die kriechenden Waldbewohner als willkommene Belebung meiner Trottrunde. Ich kenne ihre Standorte und rechne mit ihrem Aufkreuzen. Eng wird es hin und wieder, wenn zwei oder drei Amazonen mir entgegenreiten, denn die Pferdebäuche laden breit aus, und Klepper flößen mir größeren Respekt ein als Köter, weiß ich doch aus Kindertagen, als ich mit meinem Freund dem Bauernsohn die Ackergäule zur Koppel ritt, wie leicht diese eigensinnigen Wesen scheuen. Meist jedoch begegnen sie mir nicht leibhaftig, sondern nur im nachhinein in Gestalt der ihnen dahinschreitend linear, bisweilen auch innehaltend kumuliert entglittenen Äpfel. Hin und wieder riecht es einige Tage an einer bestimmten Stelle nach Aas. Dann weiß ich, daß einer der größeren Vierbeiner den Schirm endgültig zugeklappt hat.

Auf meine eigenen Artgenossen stoße ich vergleichsweise selten. Trottete ich an Wochenenden oder gegen Abend, wäre das vermutlich anders. Um mit denen zu beginnen, die nun in ihre transatlantische Heimat zurückgekehrt sind: Jahrzehntelang waren sie westlich des Wäldchens kaserniert, um sich und die freie Welt zu schützen und allen geknechteten Völkern die Demokratie zu bringen. Es gab Zeiten, da schreckten sie mich, wenn sie im Morgengrauen unvermittelt und schwerbewaffnet vor mir auftauchten oder sich entlang meiner Strecke eingebuddelt hatten, die mitgebrachten Tötungsgeräte listig getarnt und die Rohrmündungen fest auf meinen Stadtteil gerichtet, um einen geschlagenen Tag auf den Feind aus dem Osten zu warten. Frustrierte sie die verlorene Liebesmüh nie? Meist fielen mir ihre Verstecke nicht sogleich auf. Nur die Landschaft erschien mir merkwürdig verändert. Plötzlich merkte ich, was gespielt wurde. Die Figuren des Szenarios taten mir immer leid, mußten sie doch fern vom sonnigen Alabama bei Wind und Wetter traben und graben, stehen und starren, während ich meinem Vergnügen nachtrottete. Ich machte es mir zur Gewohnheit, sie zu grüßen, wenn sie mir schwerbepackt entgegenmarschierten oder ich einen ihrer Pulks durchquerte, und sie haben mir immer freundlich geantwortet. Mitunter sprach ich versehentlich auch Bundeswehrangehörige, die in meinem Wäldchen den Fall der Fälle übten, auf englisch an. Der Lapsus unterlief mir, weil ich nie lernte, Krieger nach Herkunft, Rang und Gefährlichkeit zu scheiden. Aber sie haben mir den englischen Gruß nicht verübelt.

Rasch gewöhnte ich mich an die gemächlich einherschreitenden, stets nach dem Rechten sehenden Revierförster und die Waldwerker, die in den Jahren seit dem ominösen Sturm auch in meinem Forst vermehrt zu tun bekamen. Lange vermochten sie des Chaos der niedergeschmetterten Bäume nicht Herr zu werden. So gingen sie dazu über, bestimmte Wege, die ich einst mit der Tochter gepilgert und später allein getrottet war, mir nichts, dir nichts zu sperren. Das zwang mir in meiner Trottfrühzeit manch neue Route auf. Inzwischen ist das gebrochene Holz geschnitten und gestapelt und wird peu à peu seiner Bestimmung zugeführt. Der ganze Vorgang mutete mich an wie ein gigantisches Naturbegräbnis. Auch ich habe diese Bäume zu Fall gebracht. Und schon kündigen sich neue Stürme an. Derzeit überspringe ich bei Kilometer 1 zwei im Abstand von wenigen Metern quer über meinem Weg gefallene Fichtenstämme. Eines Tages machen mich die Fichtenleichen noch zum Hürdenhüpfer.

Spaziergänger gibt es in meinem Wäldchen wochentags nur wenige. Einige Hochbetagte bewegen sich, von oft nur wenig Jüngeren gestützt, eine kleine Strecke forsteinwärts, um alsbald zum Parkplatz zurückzukehren. Was mögen sie empfinden? Ahnen sie, daß sie einen ihrer letzten und vielleicht schönsten Gänge gehen? Der Gegenwelt begegne ich, wenn die lieben Kleinen aus dem nahen Kindergarten wohlbehütet ausschwärmen, um nach Hänsel und Gretel Ausschau zu halten und nach der bösen Hexe. Oft begegnen mir Pensionäre, die meisten noch tadellos in Schuß. Sie mögen wohl wissen, warum sie hier umherwandeln, auch wenn es nicht der Arzt persönlich war, der sie hinausschickte. Neuerdings kommt mir ein offenbar mit sich und der Welt grundzufriedener radschiebender sanfter August entgegen. Eine Zeitlang fragte ich mich, warum er nicht aufsitze oder aber radlos wandere, bis er mich eines Tages langsam radelnd überholte. Nun weiß ich, daß er den Wald auf zwiefache Art durchquert.

Ein Kapitel für sich bilden Hunde. Schon von weitem trachte ich zu erspähen, ob sie angeleint sind, denn öfter, als man denken sollte, habe ich in einem Kläffer, den die frische Morgenluft beseelte, den Greifinstinkt geweckt. Frei laufende Viecher flößen mir besonders dann einen Anflug von Furcht ein, wenn ihre Herrschaften mein Herantrotten nicht bemerken. Gehen sie in meiner Richtung, suche ich mein Nahen zuerst dezent schniefend, dann durch vernehmliches Räuspern, schließlich durch belferndes Husten kundzutun. Fruchtet all das nichts, greife ich zum letzten zivilen Mittel und stampfe wie ein Weintraubentrotter. Angefallen haben mich diese Köter noch nie, aber wenn sie größeren Kalibers sind, irritieren sie mich doch. Manchmal war ich mir gar nicht sicher, ob eine offenbar munter und spielbereit auf mich zuspringende Bestie mich nicht doch als Objekt ihrer Jagdbegierde betrachtete. Derlei Zwischenfälle gefährden für einige Sekunden mein inneres Gleichgewicht, las ich doch vor etlichen Jahren, daß einen damals prominenten irischen Mittelstreckler bei einem hundsgewöhnlichen Trainingslauf eine Dubliner Kanalratte dermaßen beherzt in die vorbeieilende Wade biß, daß dieser arme Zeitgenosse, der sein Brot wettlaufend verdiente, mehrere Wochen keine Rennen mehr bestreiten konnte. Welch einen Verdienstausfall mag dieser Biß bedeutet haben! Da ich jenen Eamonn Coghlan nicht lange zuvor in den USA auf einer vom irischen Botschafter veranstalteten Party kennengelernt hatte, wo er, soweit ich sehen konnte, im großen feuchten Rund als einziger stocknüchtern blieb und mich auch durch dieses dem Anlaß völlig unangemessene Verhalten beeindruckte, gab mir sein K.o. per Hundebiß doppelt zu denken.

Richtig ungemütlich wurde mir nur einmal. Eine ausgerissene Töle raste, ihrem pausenlosen ekstatischen Gekläff nach zu urteilen wie ein geölter Blitz, kreuz und quer durch Dick und Dünn. Sie machte den ganzen Wald rebellisch. Als sie kurz sichtbar wurde, erkannte ich ein muskulöses braunes Ungetüm, gegen das der Herr von Baskerville chancenlos gewesen wäre. Auf alles gefaßt, ergriff ich prophylaktisch einen von der Vorsehung an meinen Weg gelegten Imponierknüppel, wußte ich doch von den Gurus nur allzu gut, wie man diesen ungebärdigen Kreaturen im schlimmsten Fall beikommt. Anknurren müsse man die Ungeheuer, ihnen von Mensch zu Tier fest ins Auge blickend, oder sie, einen fiktiven Stein drohend aufhebend oder wild eine reale Keule schwingend, einzuschüchtern trachten. Gottlob kam es nicht zum Äußersten, denn nach einiger Zeit verebbte das Gebell. Zu denken gab mir das singuläre Verhalten dieses Rudelviehs aber doch. Handelte es sich hier um einen verrückten Hund? Oder gar um einen aufmüpfigen, dem die große Freiheit zu Kopf gestiegen war? Gelegentlich begegnen mir Radfahrer mit Waldis an der Leine. Fahren sie schnell, tun mir die Wauwaus leid, denn sie können ja nicht anders als der Leine folgen. Wissen die Menschen immer, ob ihr getretenes Tempo den armen Trippelviechern behagt? War der querwaldein tobende Höllenhund vielleicht ein solcher Knechtschaft entkommener Helot?

Seit einiger Zeit gewinnt die Gilde der *mountain bikers* enorm an Zulauf. Diese Bergradler, in meinem Wäldchen ausnahmslos Männer, haben es stets eilig und stieben ganz gegen das Gesetz der Wahrscheinlichkeit immer von hinten heran, nie von vorn. Sie gehören zu jenen, die selbst dann, wenn sie wollten, gar nicht klingeln könnten, denn sie verzichten auf das für gewöhnliche Radelnde wie dich und mich so nützliche Utensil, zweifellos aus triftigem Grund. Ginge es wirklich einmal hart auf hart, vermöchten sie, denen der Akt des Bremsens wesensfremd ist, einer Kollision nur durch einen rechtzeitig ausgestoßenen markerschütternden Urschrei zu entgehen. Da ihre Gefährte zudem keinen Gepäckträger haben, sind die Recken gezwungen, ihren lebensnotwendigen Rucksack an jener Stelle mitzuführen, wo der Name ihn vorsieht. Dort drückt er sie ordentlich. Auch steigert es den Reiz des *mountain biking* nicht unbeträchtlich, wenn sich durch diese beliebte Bürde der Schwerpunkt des Gesamtkunstwerks erhöht, was einem Sturz spektakuläre Dramatik garantierte. Als papageienbunte Zweitausendmarkkompositionen flitzen diese postmodernen Pedalpuritaner, schneidigen Gesäßhalbierern mahlend aufsitzend, allein oder auch in Grüppchen querwaldein. «Jagen sie», frage ich mich, wenn ich den ersten Schrecken verwunden habe und den im Laub Entschwindenden nachblicke, «jenen Höhen zu, auf die ihre Maschinen ja ein namentliches Anrecht haben? Führen sie auf ihrer hochgemuten Hatz zu den blauen Bergen in ihren seltsamen Säcken vielleicht eine Biwakausrüstung mit?» Es könnte ja sein, daß es Tage dauert, bis sie dort angekommen sind, wo ihr Herz schon weilt – im Hochland.

Die meisten der meinen Wald frequentierenden *Jogger* kenne ich durch wiederholte, wenn auch keineswegs regelmäßige Begegnung. Bisweilen taucht ein neues Gesicht auf. Zum Rollenverzeichnis gehören der pensionierte Friseur, dessen Kunde ich einst war, bis sein unstillbarer Hang zur Selbstdarstellung mich zur Konkurrenz nebenan trieb. Nun endlich respektiere ich ihn, der seine Runde regelmäßiger zu trippeln scheint, als ich meine trotte. Er begegnet mir von allen, die das Waldstück mitspielen, am häufigsten, manchmal mehrere Tage hintereinander an fast derselben Stelle. Das kann nicht ganz mit rechten Dingen zugehen. Von den anderen *Joggern* rasen manche wie die Feuerwehr dahin, mit Hilfe ihrer glänzenden Gewandung nicht selten Ostereier nachempfindend, und scheinen sich dabei noch wohl zu fühlen. Das sind, denke ich dann, die Lieblingsjünger ihrer Meister, die es drängt, durch ihren Schneid wie durch ihr *outfit* dem Wald und der Welt zu offenbaren, daß sie einer anderen Sphäre entstammen. Manche überschätzen sich. Wohlgemut sausen sie an mir vorbei und stehen kurz drauf hochroten Kopfes da, jäh und bitter für ihre Keckheit büßend. In ihnen erblicke ich die Anfänger, und ich erinnere mich dumpf meiner eigenen Waldursprünge. Einige überholen mich. Andere überhole ich. Frauen treten, *joggend* und wandernd, selten solo, sondern eher gebündelt und dann immer plaudernd auf. Was mögen diese kurzfristig dem Patriarchat Entwichenen einander alles anzuvertrauen haben! An bestimmten Stellen *stretchen* sie. Kürzlich federte mir eine muntere Maid entgegen, hie und da anhaltend, um ein Maiglöckchensträußchen, das sie in der Rechten trug, zu komplettieren. In ihr gewahrte ich Flora, im Niederbücken lieblich und grausam zugleich. Bisweilen flitzt mir eine Ältere in einem Tempo entgegen, daß ich mir vorstelle, sie laufe gerade im Central Park als überlegene Siegerin auf das Zielband des *New York Marathon* zu. Dabei blickt sie ganz still und friedlich drein. Ebenso friedfertig schlenderten mir unlängst zwei für den Trottfall angemessen gewandete reifere Herren plaudernd entgegen, sich damit begnügend, die Potenz für den Akt zu setzen.

Alle diese Begegnungen, mit Sausern, *Joggern*, Trottern, Tripplern und Wanderern, sind Teil meines Waldlebens geworden. Bisweilen grüßen wir einander. Meist nehmen wir einander bloß zur Kenntnis. Immer bekunden wir einander Respekt. Alle fühlen wir uns durch unser Tun seltsam geeint, obwohl wir doch unsere eigenen Wege gehen. Niemand kennt die der anderen. Und noch nie haben wir mehr als ein paar freundliche Worte gewechselt.

Ausgerastet bin nur ich einmal, als jemand offenbar zu einer Volkswanderung aufgerufen hatte und alle, alle gekommen waren. Rudelweise strebten sie mir in ihren weißrosa karierten Hemden, lehmfarbenen Kordknickerbockern und knallroten Wadenstrümpfen entgegen. Ich meinte, einer Alpinprozession von Wochenendschwaben zwischen Oberstdorf und der Kemptner Hütte in die Fänge geraten zu sein. Dabei handelte es sich gar nicht um feierlich gipfelwärts ausschreitende Wochenendbergsteiger, sondern um hundsgewöhnliche, gleichwohl fanatisch bekennende Volksflachwanderer. Auch diese brauchen ja den Vordermenschen, der ihnen zeigt, wo's langgeht, wie der Pulkführer für sein seelisches Gleichgewicht der Hintermenschen bedarf. Nachdem mehrere Vordermenschen mir erklärt hatten, ich laufe in der falschen Richtung, kehrte ich, völlig aus der Fassung gebracht, bei Kilometer 2 um und trabte heim. Regelrecht unheimlich war mir geworden. Gab es etwa auch in meinem Wäldchen nur noch eine Richtung? Ich hatte ohnehin an jenem Tag den Fehler gemacht, meine Runde einmal andersherum anzugehen. Sonst hätte ich sie alle gefahrlos überholt, und durch diesen Coup ihren Vordermenschen einmal das vorlaute Mundwerk gestopft. Was wäre ihnen dann geblieben, als mir sprachlos hinterherzublicken? Solche Epidemien brechen indessen selten aus, und meist habe ich das Glück, sie zu verpassen. Untrügliche Zeichen hinterlassen sie in Form von Sägemehlpfeilen. Diese weisen wimmelnden Wanderern den rechten Weg. Ab und zu findet auch ein Volkslauf in meinem Wäldchen statt. Noch nie bin ich Zeuge dieser kollektiven Hatz geworden, aber auch hier stoße ich auf sichere Spuren in Form von weiß oder rosa angelackten Stolperwurzeln und erfahre die Ergebnisse tags darauf in der Zeitung, hübsch nach Geschlecht, Alter und durchraster Strecke sortiert. Um Schnelligkeit geht es diesem Völkchen dabei, um sonst nichts.

Menschliche Extremtypen meiden mein Wäldchen. Ich erinnere mich aber eines wilden, allen Anzeichen nach völlig humorfreien Gesellen, der mir hanteltragend entgegenhechelte, meinen Gruß schnöde mißachtend. Was erhoffte er sich vom Transport seiner Eisenkugeln? Handelte es sich um einen innovativen *ironman*? Was mag wohl aus ihm geworden sein? Im letzten Winter hetzte mehrmals ein Bärtiger auf seinem *mountain bike* einen eingespannten *husky* vor sich her. Trainierte er für ein Schlittenrennen in Alaska? Bei einem meiner eher seltenen 9-km-Läufe stand kurz vor der Halbzeitmarke rechts vom Weg ein Exhibitionist. Er hatte sich, darin nicht eben übermäßige Intelligenz beweisend, für sein Schauspiel, zu dessen erfolgreicher Aufführung er ja des Publikums bedurfte, den einsamsten Punkt des Wäldchens ausgesucht. Da stand er nun, ein stummes Männlein, auf verlorenem Posten. Auch mein Vorbeitrab mag ihm kaum Auftrieb gegeben haben. Vielleicht brächte ihm Trotten Linderung.

Von der Motivation

Gut zwanzig Jahre meines Lebens habe ich geraucht. Aus Geldmangel dümpelte mein Laster zunächst vor sich her. Das billigste mir damals erreichbare Kraut war ein österreichischer Landtabak zu umgerechnet vierzig Pfennig die Packung. Wahre Strünke entfielen der groben Pappschachtel beim Öffnen. Der Knaster schmeckte so schauderhaft, daß ich mir aus einer Chiantiflasche eine Wasserpfeife baute, um dem Rauch etwas von seiner zungenpökelnden Beizkraft zu nehmen. Das Gefäß stand unter meinem Schreibtisch und blubberte laut, wenn ich am Schlauch zog. Dann zogen bessere Tage auf. Stipendien im damals vergleichsweise wohlhabenden Großbritannien und in den reichen USA ermöglichten mir, meine Lunge konsequent mit Markenstengeln zu verteeren. Vergessen war die primitive Wasserpfeife. Nach meiner Graduierung zum Kettenraucher brachte ich es schließlich auf die bereits erwähnte letale Nikotindosis. Oft genug versuchte ich aufzuhören. Kurzen Zeiten der Abstinenz folgten lange Perioden um so intensiverer Selbstvergiftung. Bei jedem Rückfall dachte ich an Mark Twains albernen Spruch, wie leicht es sei, mit dem Rauchen aufzuhören, und ließ langsam die Hoffnung fallen. Dennoch kam das Ende plötzlich, als ich bei einer Besteigung meines Lieblingsberges schwer atmend merkte, wie sehr mich das Nikotin ruiniert hatte.

Meine Versuche, mir das Trotten anzugewöhnen, gehen ein Vierteljahrhundert zurück, allerdings mit einer Zäsur von sechzehn Jahren in der Frühphase. Ich bewegte mich mehr oder minder kontinuierlich, freilich mit Pausen, die dem Unternehmen alles andere als förderlich waren. Immer wieder erlebte ich das plötzliche Absinken in die lähmende Indolenz. Und dann wurde ich doch noch von einem Tag auf den andern zum richtigen Trotter. Mit einem Male wußte ich, daß eine neue Ära begonnen hatte. Danach hatte ich mit der Stetigkeit beim Drehen meiner Waldrunden keinerlei Probleme mehr.

Erst heute beginne ich, beide Ereignisse, das Einstellen meiner Selbstverräucherung und die Aufkündigung meiner Immobilität, miteinander zu verbinden. Ich erkenne, daß ich zweimal mit einer schädlichen Gewohnheit gebrochen und mir eine gesunde zu eigen gemacht habe. Obwohl die Tatsachen, daß ich mir das Rauchen ab- und das Trotten angewöhnte, ursächlich nichts miteinander zu tun hatten, zeugen doch beide von der Fähigkeit des Menschen, gegen große innere Widerstände letztendlich das Vernünftige zu tun. Erst in der Rückschau verquicke ich beide Einschnitte als Teile meiner Lebenserfahrung miteinander. Ich könnte nun sagen, daß ich es geschafft habe, ein Nichtraucher und ein Waldtrotter zu werden. Indessen bilde ich mir auf beides nichts mehr ein. Warum auch? Habe ich doch lediglich einem Laster ade gesagt und mir eine Tugend zu eigen gemacht. Auch bezweifle ich, daß *schaffen* das richtige Wort ist.

Schaffen hat mit «arbeiten» und «befehlen» zu tun; es appelliert an Willen und Zwang, und genau solche Einstellungen haben mich weder vom Nikotin erlöst noch zum Sauerstoff verholfen. Überhaupt halte ich von der Willensethik wenig, viel dagegen von der Motivation. Was motivierte mich dann? Wie beim Abgewöhnen des Rauchens halfen mir beim Angewöhnen des Trottens sicherlich verschiedene Umstände. Ich erinnere mich, daß ich in beiden Fällen jahrelang über meinen miserablen körperlichen Zustand nachdachte; daß ich Bücher und Aufsätze zum Thema las; daß ich mir immer wieder vorhielt, Rauchen sei ungesund, Trotten dagegen gesund; und daß ich mich durch leibhaftige Vorbilder, Nikotinfreie wie Neutrotter, bestätigt sah. Aber all das genügte nicht, um mich selbst aufzuschwingen, es den Verwandelten nachzutun. Wann immer der Verzicht auf Tabak oder der Weg in den Wald mir schwerfielen, stellten sich spontan verlockende Gegenbilder ein. Das Bullenbeißergesicht mit der Zigarre pflegte vor mir aufzutauchen. Die Churchill zugeschriebene Maxime «No sports!» für heiteres Altwerden überzeugte mich gleich doppelt, wenn ich daran dachte, daß dieser Koloß trotz seiner Zigarren und seiner Abneigung gegen *Jogging* volle neunzig Jahre auf Erden wandelte. (Auch Alkoholiker könnten sich ja in ihrer Neigung durch Sir Winstons überlieferte Liebe zum Kognak eher animiert fühlen.) Ebenso kam mir im Augenblick der Anfechtung vielfach die einleuchtende Idee, ich solle, selbst wenn ich es schaffen würde, nie etwas nur aus dem Grunde tun, weil es gesund oder vernünftig sei. Dann pflegte ich mir zu sagen, es sei ja so naheliegend, beim alten zu bleiben. Und nie fühlte ich mich in dieser Ansicht durch Stammtischgespräche widerlegt.

Würde alles stimmen oder spontan eintreten, was Gurus in Aussicht stellen, zöge man nur die Trottschuhe an und machte sich auf, bald würde es keine einzige *couch potato* mehr geben. Die ganze Welt befände sich auf Trab. Alle strebten sie hinaus, um den Blutdruck und den Cholesterinspiegel zu senken, um gesund und widerstandsfähig zu werden, um sich wohler zu fühlen, um besser zu schlafen, um etwas für die äußere Erscheinung zu tun, um Gewicht zu verlieren, um mit dem Rauchen und dem Saufen aufzuhören, um sich selbst zu finden, um das Eigenbild zu veredeln, um das verlorene seelische Gleichgewicht wiederzuentdecken, um zu leiden und durchzuhalten, um den Part des armen Sisyphus nachzuspielen, um vielleicht dereinst als Opa, mit gewölbter Brust vor Trophäen in Rennkluft posierend, den Enkeln zu zeigen, daß es da einst einen gab, der wußte, wo Barthel den Most holt. Tausenderlei Gründe ließen sich denken, warum sich jemand lebenslang ans Trotten verliert, aber jeder Mensch hätte sein ureigenes Motivationsmosaik zu legen.

Was jemanden auf Trab bringen und halten kann, zeigt kaum ein Fall besser als der des legendären Johnny Kelley. Sein Name war mir kein Begriff, als ich 1990, als einer der Gaffer entlang der von Hopkinton nach Boston führenden Strecke, von meinem amerikanischen Begleiter auf ein weißhaariges Männchen aufmerksam gemacht wurde. Wir standen nur einige Kilometer vom Start entfernt, und bereits zu diesem frühen Zeitpunkt hatten Tausende uns passiert, bevor der zähe Wicht erschien, bejubelt wie selbst der spätere Sieger nicht. Kelleys Endzeit lag bei knapp über fünf Stunden, aber er war bereits 82 und lief sage und schreibe seinen 59. *Boston Marathon.* Für diesen *nobody* aus engen, strengen, patriotisch-patriarchalischen irischen Einwandererverhältnissen bedeutete Wettlaufen (wie für seine gleichfalls dem Proletariat entstammenden Konkurrenten, die mit ihm die Frühgeschichte dieses berühmtesten aller Marathons schrieben) den Versuch der Überwindung von Arbeitslosigkeit, das Siegen für die Familie, die Freunde, die ethnische Gruppe. Kelley befeuerten seine beruflich auswegslose Situation und der Applaus des größten Kontingents irischer Emigranten, das auf der Welt lebt. Später, als der Ruhm sich einstellte, blieb Kelley bei der einzigen Sache, von der er wirklich etwas verstand, und ließ sich auf der Welle der Popularität weitertragen, hatte er doch sonst kaum etwas, das sich vorweisen ließ. Kelley begann und beendete sein Erwerbsleben als einfacher Arbeiter, aber er ward zwei Generationen ein national gefeierter Held. Keins seiner Laufmotive hatte je mit dem zu tun, was heute als Antrieb für Laufwillige großgeschrieben wird. Auch um Geld ging es ihm und seinesgleichen noch nicht, denn rennende Menschen verdienten zu Kelleys besten Zeiten weniger als rennende Hunde. Allenfalls trug ein Marathonsieg in Boston einem stellenlosen Familienvater den Posten eines Dorfgendarms in dem kanadischen Provinznest ein, aus dem er auf eigene Kosten angereist war, um auf dem langen Weg nach Boston einmal ganz vorn mitzumischen.

An Nikotinsucht Erkrankte und unter körperlicher Trägheit Leidende bedürfen einer überzeugenden Motivation, um ihre Lebenseinstellung und damit ihren Zustand zu ändern. Diesen Schub können wohl weder Bücher noch Beispiele vermitteln. Beispiele mögen lehren, aber sie beflügeln nicht. Allenfalls bewirken sie etwas, wenn ich mich mit dem Beispielgebenden zu identifizieren vermag; aber auch dann kann der Impuls nur aus mir selbst kommen. Bücher und Beispiele können erst greifen, nachdem die persönliche Entscheidung gefallen ist. So half mir, nachdem ich mich entschieden hatte, Nichtraucher zu werden, durch die ersten drei problematischen Wochen ein Buch mit dem pragmatischen Titel *How to Stop Smoking*. Sein Wirkungsprinzip werde ich nie vergessen: es war das der verlagerten Lustbefriedigung. Als es seinen Zweck erfüllt hatte, schenkte ich es jemandem, der es mir gleichzutun gedachte. Und erst in der Anfangszeit als Trotter bestärkte mich manches, was ich in Laufbüchern fand, und hielt mich bei der Stange. Erst nachdem ich die neue Richtung eingeschlagen hatte, erkannte ich aufmunternde Streckenposten und ließ mir von ihnen den einen oder anderen belebenden Trunk reichen.

All das bezieht sich auf die lange Phase, in der ich zum Trotter reifte. Seit ich einer bin, ist das Thema für mich vom Tisch. Wohl gibt es gelegentlich Tage, an denen ich nicht aufbreche, weil es zeitlich eng wird, weil mir etwas dazwischenkommt oder weil mir irgendeine Entschuldigung einfällt. Auch ist es nicht so, daß mir jeder trottend zurückgelegte Kilometer ungeteilte Freude bereitete. Das heißt, ich erlebe noch heute kleinere Einbrüche, und ich vermute, daß es selbst laufenden Gesundheitsaposteln und Professionellen mitunter so geht. Zwar gestehen Gurus selten genug ihren Schülern ein, daß *Jogging* sie öfter anöde, als sie zuzugeben bereit sind, aber hin und wieder stieß ich auch bei ihnen auf solch erstaunliche Ehrlichkeit. Doch weiß ich, daß diese Pausen Flauten sind; sobald der nächste Wind kommt, kreuze ich weiter. Die eingeschlagene Richtung stimmt.

Was mich immer wieder in mein Wäldchen führt, erkenne ich als ein ganzes Bündel von Antrieben. Ich weiß im voraus, daß mir die ersten

Schritte mit Sicherheit leichtfallen werden, da ich es immer extrem langsam angehen lasse. Ich weiß, daß ich auch dann, wenn ich mich zunächst müde und träge fühle, nach zwei oder drei Kilometern im Lot sein werde. Ich weiß, daß selbst meine wenigen holperigen Runden ans Ziel führten. Ich weiß, daß ich noch nicht ein einziges Mal zu meinem Fahrrad zurückkehrte, ohne daß mir pudelwohl geworden wäre. Ich weiß, daß Trotten mir Spaß macht, wenn ich mich nur einmal aufgemacht habe. Ich weiß, daß ich durch die getrottete Runde nie Zeit verliere, sondern im Gegenteil gewinne, da mir für den Rest des Tages zusätzliche Energie zuströmt. Zudem weiß ich, daß hohe Berge auf mich warten, die mich als Fußlahmen abweisen würden. Trottend gebe ich meinem Körper zu verstehen, er solle doch nicht so schnell schlappmachen. Das jedoch fällt mir immer erst ein, wenn ich unterwegs bin, nie vorher.

Das Bellen des als Relikt einer überholten Willensethik durch manche deutschen Gurubücher geisternden inneren Schweinehundes habe ich nie vernommen. Vielleicht habe ich gar keinen. Hätte ich einen, ich würde ihn

zum Teufel jagen, da ich die zu seiner Überwindung erforderliche Pflicht-moral ablehne. Es handelt sich um ein teutonisches Untier, um eine spezi-fisch deutsche Neurose, auch bildlich. Warum sollte ich etwas ungern tun? Und das noch auf Dauer? Schlimmer noch, dieser Schweinehund, gezeugt und geworfen im Ersten Weltkrieg, gepäppelt im Tausendjährigen Reich, führt hierzulande ein zähes Leben. Er ist offenbar nicht totzukriegen. Leute, die ihn immer noch niederringen, täten gut daran, das im stillen Kämmerlein abzumachen und andere an solchem Kampf und Sieg nicht teilhaben zu lassen.

Kaum jemand kann einen anderen zum Trotten motivieren. Es wäre mir ein leichtes, mich bei meinem Nachbarn, den ich über die Jahre schätzen, aber auch so zu nehmen lernte, wie er nun einmal ist, spontan einzuladen, um gemeinsam mit ihm auf dem Bildschirm zu verfolgen, wie ein mit sich und der Welt hadernder Boris Becker oder die Nationalmannschaft ver-zweifelt kickend untergehen. Es würde sicherlich auch keiner großen Überredungskünste bedürfen, um ihn zu einem Spaziergang zu ermun-tern. Könnte ich ihn aber zum Trotten überreden? Mit noch so einleuch-tenden Gründen? Mit dem Argument, es mache ihn noch gesünder, noch widerstandsfähiger, noch schlanker, noch zufriedener, noch ausgeglichen-ner, als er ohnehin ist? Mit der Versicherung, daß er auch im fortgeschrit-tenen Alter noch mit dem ungewohnten Tun beginnen könne oder gar solle? Ich bezweifle es sehr. Tausend Gründe könnte er mir entgegenhal-ten. Und er hätte recht. Ihm fehlte der Beweggrund. Der Antrieb müßte aus ihm selbst kommen. Nur er selbst und sonst niemand könnte die ihm einleuchtende Begründung finden. Und vielleicht wäre Trotten für ihn gar nicht das Richtige.

Von der Kontinuität

Kontinuität ist das A und O einer Sache, nicht nur des Trottens. Wer rastet, rostet. Steter Tropfen höhlt den Stein. Beständiges Traben schaffte meine Probleme mit der Motivation ein für allemal aus der Welt. Nicht mehr stellen sich mir nun die alten Fragen: Soll ich laufen oder lieber nicht? Und wenn ja, wie weit? Kann ich auch durchhalten? Werde ich, um anzukommen, zwischendurch nicht streckenweise gehen müssen? Sollte ich nicht irgendwo abkürzen? Kontinuität verleiht mir Erfahrung, hilft mir, umstandslos den Weg in den Wald und den Rückweg in meinen Sessel zu finden. Es ist für mich kein Thema mehr, ob, oder, wenn ja, wann ich mich erheben soll, um das Ritual aufzunehmen. Auch die Frage des Wetters ist zu diesem Zeitpunkt bereits geklärt. Trotten gehört inzwischen zu meiner Natur.

Natürlich gibt es Tage, an denen Zeitnot auftritt. Nichts fände ich dann verkehrter, als in einen bereits vollgestopften Fahrplan die für das Ritual erforderliche Stunde irgendwo hineinzuquetschen. Frühmorgens vor der Teezeremonie oder gar schon im Dunkeln loszupreschen war meine Sache nie. Der Tag ruft mit seinem Kleinkram, mit Vorlesungen und Seminaren, Sprechstunden und Prüfungen, Sitzungen und Tagungen, Vorträgen und Symposien. Natürlich muß ich verreisen. Es gilt, der Tochter zu helfen, die Sippe zu besuchen, auf Klassentreffen die Balance zwischen Freude und Schock zu finden, Hochzeiten zu feiern, Kinder zu taufen, Tote zu beerdigen. All das reißt mich natürlich aus meinem ansonsten fast lückenlosen Trottzusammenhang. Aber das macht gar nichts. Das Leben fordert eben seine Zeit. Im Urlaub trotte ich nicht um jeden Preis. Am Meer schwimme ich, in den Bergen wandere ich, für eine Woche Oxford oder Dublin würde ich meine Trottsachen nicht unbedingt einpacken. Das Reisen, habe ich zu meiner Erleichterung entdeckt, bildet nicht nur, sondern es zehrt glücklicherweise auch. Zumindest an mir, selbst wenn ich in der Ferne schlemme und mich vergleichsweise wenig bewege. Der Schritt auf die heimische Waage hat mich dann selten zur Verzweiflung gebracht. Eher habe ich mich nach mancher anstrengenden Bergtour über das Wiegeresultat gewundert. Als Fliegengewicht wähnte ich heimzukehren. Doch anstatt abzunehmen, brachte ich aus dem Stubaital oder der Silvretta zwei Kilo mehr nach Hause. Nachdenken führte aber auch dann zur Erkenntnis, wo der Hase im Pfeffer lag. Es war der von seinem fürsorglichen Eheweib mit allerlei nahrhaften und leckeren Sachen vollgestopfte Rucksack meines Freundes, aus welchem meine hinzugewonnenen Pfunde stammten, pflegt mich doch dieser Freund an seinen Schätzen teilhaben zu lassen; es war der Ersatz des nach langen Touren enormen Flüssigkeitsdefizits durch Bier anstatt durch Wasser; es war die stilvolle Feier erklommener Gipfel durch erlesene Soupers.

Pausen haben sich für meine Trottpraxis nie als fatal erwiesen, selbst solche von zwei bis drei Wochen nicht. Obwohl manche Gurus mich anfangs verunsicherten, da sie meinten, ich müsse dann praktisch wieder ganz von vorn beginnen, habe ich stets gefunden, daß ich nach einigen Rundläufen wieder im Trott war. Ich freute mich nach solchen Unterbrechungen vielmehr, da ich feststellte, daß meine Grundkondition, Frucht stetigen Trabens, kaum gelitten hatte. Inzwischen habe ich das Meilenkonto in meiner Privatbank tüchtig aufgefüllt, und es dankt mir mit schönen Zinsen.

Stetigkeit ist das Geheimnis meiner Aktivität im Wald geworden. Ein für mein Alltagsleben bedeutsamer Rhythmus hat sich eingestellt. Der Austrott gehört nun zum selbstverständlichen Teil meines Daseins. Die Zeit, zu der ich mich aufmache, naht meist, ohne daß ich sonderlich über sie nachdenken müßte. Ich schließe ein Stück Arbeit ab und schiebe meine Waldrunde ein, bevor ich das nächste aufnehme. Den Nachbarn ward der Trotter Teil ihrer Alltagslandschaft, wie der Feuermelder an der Ecke, das seine Walnuß verbuddelnde Eichhörnchen im Garten und das gurrende Taubenpaar im Tannenbaum. Da ich Wochenenden grundsätzlich anders verbringe als Werktage, gehört zu deren Rhythmus das Traben nicht. Warum aber nicht? Ist Trotten nicht Gegengewicht zur Arbeit? Das ist es sicherlich auch, und zwar an jedem Werktag. Sonn- und Feiertage jedoch bedürfen dieses Ausgleichs nicht. Degoutant fände ich es übrigens, etwa jeden zweiten Tag unabhängig vom Gleichmaß der Woche zu trotten, wie manche Gurus es empfehlen. Auch würde ich nie auf den Gedanken kommen, möglichst viele Tage hintereinander zu laufen. In der Novemberausgabe 1993 von *Running Times* gab ein Leser kund, er sei nun zehn Jahre, zehn Monate und neun Tage gelaufen, ohne einen einzigen Tag auszulassen, und wollte wissen, wo denn eigentlich der Landesrekord liege. Ihm wurde mitgeteilt, es gebe jemanden, der seit dem 4. April 1967 täglich laufe und somit sechzehn Jahre Vorsprung vor dem Rekordversessenen habe. Wird dieser nun resigniert von seinem Tun ablassen? Oder vielleicht pausenlos weiterrennen in der Hoffnung, eines fernen Jahrzehnts doch noch die Konkurrenz ausstechen zu können? Wie krank kann man eigentlich werden? Fünfmal getrottet und zweimal pausiert ergibt auch eine schöne Reihung, selbst dann, wenn ab und zu in der Bilanz ein paar Tage fehlen.

Von den Folgen

Was sind die Voraussetzungen, die jemanden zum Trotter reifen lassen? Was die Folgen? Laufbücher stellen sich solchen Fragen eher zögerlich. Und doch gehören diese Themen für mich zu den wesentlichen. Bei einem der Weisen stieß ich auf einen Katalog von fünfzehn Fragen, deren Beantwortung mir Gewißheit verschaffen sollte, ob ich mich für dieses Tun auf Dauer eigne oder nicht. Wer guten Gewissens zwölf oder mehr bejahen könne, las ich, solle sich getrost aufmachen. Ich bejahte vierzehn und pries mich glücklich. Im Rückblick erkenne ich in diesem leicht durchschaubaren Spielchen den vielleicht einzigen leichten Motivationsschub, der mir je von außen zuteil ward. Es machte mir Mut, es spornte mich an.

Häufiger als zu den notwendigen Voraussetzungen äußern sich die Meister zu den ersprießlichen Wirkungen des Trottens. Je mehr dieser Bücher ich zu Rate zog, um so glänzender fühlte ich mich in meiner Entscheidung bestätigt. Gern hörte ich von den erfreulichen Dingen, die der Seele zuteil würden, sorge der sie behausende Körper nur erst einmal für die entsprechende Bewegung. Die Lektüre solcher Kapitel, dachte ich, müßte eigentlich helle Knirpse veranlassen, ungeduldige Eltern auf die freie Bahn zu schicken, damit diese entspannter, gelassener, ausgeglichener, emotional stabiler, kontaktfreudiger und rundum leidlicher zu ihrer Brut heimkehrten. Und vielleicht denken Vater und Mutter ebenso und nehmen die krabbeligen Kleinen gleich mit auf die Piste. Dann zöge in den Alltag der Familie aber eitel Wonne ein! Ähnliches könnte die Kommune mit mürrischen Behördenschläfern versuchen oder die Wählerschaft mit widerlichen Politikern oder die Sekretärinnen mit unausstehlichen Chefs. Möglicherweise gelangte ein zum Zweck der Besserung an die frische Luft geschickter Politiker oder Chef eines Tages zu dem Schluß, gar nicht mehr zum Ausgangspunkt zurückkehren zu wollen. Er wäre dann Mensch geworden – abermals oder erstmals.

Dem Bild des gelassen und ehrgeizlos Dahintrottenden haftet etwas Ursprüngliches, Zeitloses an, in unserer Gesellschaft aber auch etwas Alternatives und Provozierendes, ja etwas Subversives und Anarchisches. Der Trotter hastet nicht. Er rennt nicht einmal ordentlich. Strengt er sich eigentlich an? Eile scheint er gar nicht zu kennen. Strebt er womöglich gar keinem richtigen Ziel zu? Hat er vielleicht keins? Warum läßt er es so gemächlich angehen? Woher nimmt er sich die Zeit? Stiehlt er sie etwa jemandem? Wenn ja, wem? Könnte er sie nicht nutzbringender einsetzen? Was mag in ihm vorgehen? Kann man ihm trauen? Wie soll man ihn überhaupt einordnen? Was mag er seinerseits von den Zielstrebigen denken? Trottende könnten, wie man sieht, randständige Anständige durchaus zum Nachdenken bringen. Täten sie es, erfüllten sie eine zweite gesellschaftliche Aufgabe, denn die erste liegt ja darin, daß sie sich gesunder und leistungsfähiger erhalten als Trottmuffel und dem Gemeinwohl weniger auf die Tasche fallen.

Drittens setzt der Trotter, schlicht sich bewegend, ohne es zu wollen, seinen Mitmenschen ein Zeichen echten Fortschritts, auch wenn er eine Weile im Wald verschwindet, wo sie ihn nicht sehen. Wären Zweifel nicht eher bei jenen Sprößlingen angebracht, die, kaum reiften sie zum Führerscheinabitur heran, vom Vater prompt mit einem bissigen Kleinwagen belohnt werden, damit sie sich auch fürderhin *standes*gemäß fortbewegen können? Die ihre Rostlauben nicht dort parken, wo die anderen das tun, weil ihnen, jung wie sie sind, bereits die zum Überwinden der Distanz bis zur Haustür erforderliche Ausdauer abgeht? Die daher ihre widerwärtig nachröhrenden Knallerbsen im Duftkreis von Mutters Küchenfenster ausrollen lassen, damit sie umstandslos in die familiäre Geruchsgemeinschaft eintauchen und zugleich autofahrenden Anrainern Gelegenheit geben können, beim Vorbeischleichen unwillkürlich die Schultern einzuziehen? Die bald darauf wieder auftauchen und, von Kopf bis Fuß geweißt, der Welt dartun, sie seien nun gewandet fürs Sozialprestige verleihende Tun, das Tennisspiel, bei dem ihre Gehwarzen das Unterlassene dann nachholen dürfen? Ist es nicht symptomatisch, daß eine im Spinnennetz unserer Kultur zappelnde Fliege in Verbindung mit den Schmidtschen Sonntagsfahrverboten vom 25.11. und 2.12.1973 das Neuwort *Gehzeuge* als Gegenbegriff für Fahrzeuge schuf? Machte diese bemerkenswerte Analogiebildung nicht darauf aufmerksam, daß in jenem Spätherbst zumindest ein deutscher Mensch – wer mag es wohl gewesen sein? – das wichtigere der beiden menschlichen Extremitätenpaare auf dem Umweg über das Auto neu entdeckte und benannte?

Daß Trotten, ausdauernd betrieben, weitreichende Folgen hat, steht für mich seit langem außer Frage. Das macht dieses Thema zum springenden, aber auch zum heiklen Punkt. Das Langzeitresultat des Trottens ist im Einzelfall glücklicherweise nicht zu prognostizieren. Daß in Trottenden etwas Tiefgreifendes vor sich geht, ahnen selbst gedankenlose Mitmenschen. Nur wüßten sie nicht genau zu sagen, worin es bestehen könnte. Auch Trottenden mag ihr eigenes Tun der Lektüre einer Erzählung gleichen, deren Ausgang sie erst am Ende erfahren. Diese Geschichte nimmt für jedes trabende Individuum einen anderen Verlauf. Sprechen kann ich nur für mich. An Läufern gleich welcher Zahl durchgeführte Untersuchungen belegen zwar einen Trend, treffen auf mich aber nur bedingt zu. Auch haftet fast all solchen Recherchen der Makel an, daß sie ohne Ansehen der Person die fanatisch auf ihren ersten Marathon hin Trainierenden mit zufriedenen Feld-, Wald- und Wiesentrabern in einen Topf werfen.

Was mir die Trottjahre eintrugen, vermag ich auch heute nur bruchstückhaft zu sagen. Bereits die Tatsache, daß ich es inzwischen als selbstverständlichen Teil meines werktäglichen Lebens empfinde, brutto eine gute Stunde dem Waldritual zu huldigen, hat die Proportionen meiner Tage sanft, aber nachdrücklich verschoben. Ein Teil dieser Veränderung liegt darin, daß die wenigen Menschen, die mit mir auf engem Raum zu tun haben, diese Tatsache wenn nicht gerade beklatschen, so doch auch nicht beklagen.

Die physischen Folgen des Trottens lassen sich am ehesten aufzählen. Gleich vielen anderen stellte ich fest, daß mein Puls sich senkte und meine Figur sich festigte, daß ich mich nun kräftiger und leistungsfähiger fühle, daß ich weniger ins Schwitzen gerate, daß ich mich über das Wiedererlangen eines Teils der alten Koordination und Behendigkeit freue. Ich lebe nun stärker körperbewußt. Das stimmt auch in dem Sinne, daß ich dieses Buch unter anderem schreibe, um mich mit der Geschichte meines Körpers einmal zusammenhängend zu beschäftigen.

Die seelischen Folgen reichen tiefer. Ich empfinde die Trottrunde als unvergleichlich bereichernd, als ein Stück ureigenes, mir mitten im Alltag immer wieder neu geschenktes Leben. Ich stelle fest, daß sich in mir etwas zu Wort meldet, das ich lange unterdrückte. Die Waldrunde ist die einzige Zeit des Tages, wo ich allein und bei mir bin, nicht bei anderen und anderem. Mitunter entblättere ich beim Traben ein Problem spontan bis auf seinen vermeintlichen Kern und finde eine Zwiebel. Ich entdecke die Bedeutung des Spielerischen wieder. Ich schlage spontan Nebenwege ein, umlaufe eine

Baumgruppe mal rechts, mal links, überquere mitunter den fast mannshohen Erdhügel links am Wegrand kurz nach Kilometer 1. Ich wende mich bewußter den wenigen Dingen zu, von denen ich merke, daß sie mir etwas bedeuten, und lasse von anderen, die an Reiz für mich verloren. Ich ärgere mich weniger über unausstehliche Zeitgenossen. Ich lebe intensiver im Hier und Jetzt. Das Dort und Einst bedeutet mir immer weniger. Nur noch selten blicke ich auf das Ende einer Waldgeraden vor mir. Ich weiß, ich trotte auf ihr. Das genügt. Ich gehe in dem auf, was unmittelbar vor mir auftaucht, weil es meine Aufmerksamkeit heischt und verdient – der stolze Löwenzahn, die unter vollen Segeln stehende Schnecke, eine Empfindung, ein Gedanke. Was war oder wird, kümmert mich weniger als früher. Gestern lag ein toter Vogel auf meinem Pfad. Heute ist er verschwunden. Der Wald wäre die ökologisch sauberste Landschaftsform, denke ich, ließe man ihn nur in Frieden. Ich lebe mit dem Blühen und Welken, dem Werden und Vergehen, dem Erklingen und Verstummen der Natur. Ich finde den Kreislauf schön.

Die Trottrunde eröffnete mir eine Welt ungeahnten Erlebens. Ich trage etwas aus – aus dem Haus in den Wald – und bringe es gewachsen, gewandelt heim. Empfindungen stellen sich unwillkürlich ein. Ich habe urplötzliche Einsichten. Meine Runde bringt mich auf Ideen. Nie nehme ich mir vor, Dinge, die mich beschäftigen oder die zu entscheiden sind, in das Wäldchen mitzunehmen. Fast immer jedoch regen sich meine Gedanken, bin ich erst einmal im Trott, und gehen auf Wanderschaft. Nichts hält sie auf. Vorstellungen kommen und gehen. Ich suche sie nicht zu halten, aber manche verhaken sich doch. Beobachtetes regt Assoziationen an. Erlebe ich das, was einer der Gurus eine Gedankenkaskade nennt, tritt der Trottvorgang für eine Weile ganz in den Hintergrund. Kommen mir Eingebungen in Fülle, erinnert mich das an das verschwenderische Blühen der Süßkirsche im Garten. Die meisten der grünen Früchte fallen alsbald ab, aber es gelangen noch mehr als genug zur Reife. Wo sonst würde mir derartiger Reichtum geschenkt?

Als Folge meines Trottens merke ich, daß Leben Bewegung ist. Diese späte Einsicht kommt mir, der ich lange wähnte, mich sitzend austoben zu können, nun zupaß. Alternde werden ja körperlich schwerfälliger. Sie bleiben gern stehen und blicken zurück. Sie klammern sich ans Bild der Jugend, erstarren in der Reminiszenz der eigenen Vergangenheit, erstellen Ahnentafeln. Sie räsonieren und stumpfen ab. Indem ich beobachtend und sinnend weitergehe, löse ich mich von solchen Einstellungen. Zugleich erkenne ich meine enger werdenden Grenzen und akzeptiere sie. Auch habe ich dabei kein Ziel. Mein Trotten ist Prozeß und Kreislauf zugleich. Ich schreite nicht wie der Wanderer in Schillers Elegie «Der Spaziergang» von einem Zeitalter ins nächste, von einem beengten in ein freieres. Ich glaube nicht mehr an Fortschritt, den Fetisch des letzten Jahrhunderts. Vielmehr erkenne ich, daß ich, vor mich hintrottend, zum Ausgangspunkt zurückkehre. Mein Rundlauf verdeutlicht mir die Illusion alles Linearen. Meine Waldstrecke rundet sich wie der Tag, das Jahr, das Leben. Meine Kreise werden allmählich kleiner. Ich mache mir diese Erfahrung zu eigen und begnüge mich mit ihr. Ich sehe, daß ich nicht einmal im Hochgebirge jemals wirklich auf ein Ziel aus war. Bildet nicht der Gipfel Ziel und Umkehrpunkt in einem? Bleibt nicht die Zielgerichtetheit des Bergsteigens Trug? Löst sich das vermeintlich Geradlinige nicht auch hier ins Zirkuläre auf?

Der Pfad, den ich trotte, ist mein ureigener. Ich trabe ihn unbefragt und unbehelligt. Er bekräftigt mich in der Gewißheit, daß ich das mir Gemäße wie hier so auch sonst tun, lockende Pfade spontan erkunden, andere, die ich hinter mir ließ, dagegen nicht mehr betreten sollte. Trottend erkenne ich die Befristung meiner Lebenskonzepte. Jedes half mir nur ein Stückchen weiter. Kaum sonst sehe ich mit derartiger Klarheit, wer und wo ich bin und daß die anderen, die mir begegnen, ihre eigenen Wege gehen, wie sehr diese meinem Pfad auch ähneln mögen, und daß sie gleich mir darin das Richtige tun.

Die vielleicht schönste Folge meines Trottens ist die gewonnene Einsicht in meine Grenzen. Unbeschadet einer im letzten Jahrzehnt aufkommenden Meinung, erst der Himmel, einst Ursprung und Ziel, Sitz und Heimat irdischer Hoffnung, bilde die Grenze menschlichen Strebens (*The Sky's the Limit* hieß eine der Selbstfindungsbibeln), ziehe ich meine eigenen Grenzen wesentlich enger. Trotten hat mich gelehrt, daß sie mir zwiefach vorgegeben sind: physisch durch mein Alter und meine Konstitution; psychisch durch meine Mentalität. Ich sehe keinerlei Anlaß mehr, auch nur den Versuch zu unternehmen, meinen genetischen Code auszutricksen. Dabei sitzen gerade in die Jahre Kommende, deren Zustand die beschönigende Bezeichnung *Senioren* keinen Deut bessert, der Illusion auf, durch Sport vermöchten sie in den Jungbrunnen einzutauchen. Nichts wäre irriger. Auch Trotten ist kein Wunderborn, in dem man ewige Jugend fände, wenn es auch durchaus eine Kraftquelle ist, die neuen Schwung verleiht. Ein Lebensalter läßt sich nur aus sich heraus begreifen und nicht aus einem anderen. Trottend erfahre ich, daß es ebenso falsch wäre, den Kopf in den Sand zu stecken wie zu glauben, die Uhr lasse sich zurückdrehen.

Wie sich meine Wehwehchen wohl deshalb in engen Grenzen hielten, weil ich rundtrabend meinen Körper zwar fordere, nicht aber gefährde, so bestimmt mein Temperament die Grenzen, die ich mir fürs Trotten ziehe und innerhalb derer ich mich bewege. Schon meine instinktive Abneigung, aus meinem Waldrevier auszubrechen, um anderes und womöglich Größeres unter die Sohlen zu nehmen, mag symptomatisch sein. Obwohl ich nach den von Gurus genannten Kriterien sicherlich in der Lage wäre, an regelrechten Rennen teilzunehmen, obwohl ich mit großem Vergnügen Zeuge eines *Boston Marathon* wurde, in dem zunächst Juma Ikangaa mit anderen tansanischen Gazellen der Konkurrenz davonflog, um am Heartbreak Hill schließlich dem athletischen Gelindo Bordin die Palme zu reichen, und obwohl ich über diese Strecke und ihre Absolventen mancherlei weiß, würde mir nie in den Sinn kommen, 42,195 km jemals an einem Stück zu laufen, schon gar nicht mit einer Uhr am Handgelenk und unter Zeugen. Der aggressive Gedanke des Überholens von Nebenmenschen, und sei's auf der

Rennstrecke, ist mir in den letzten Jahren noch fremder geworden, als er mir je war. Infolgedessen wird die von Marathonläufern vielfach beschriebene Mauer nie vor mir auftauchen. Es handelt sich ja um jene Mauer, an die der innere Schweinehund pinkelt, während er auf seine Bezwinger wartet.

Andererseits habe ich wie gesagt bisher vergeblich auf jenen Rückenschub gewartet, der die Erleuchteten als zweiter Wind umfächelt. Zwar stelle ich mit ziemlicher Regelmäßigkeit fest, daß ich nach zwei oder drei, spätestens vier Kilometern leichter laufe als vorher, aber der einzige zweite Wind, den ich in meinem Wäldchen erfuhr, war ein kräftiger Weststurm, der mich den Schneisenweg zwischen Kilometer 4 und 5 förmlich hinaufdrückte. Ich breitete die Arme aus und fühlte mich für eine Minute als Dädalus. Auch euphorieauslösende Endorphinausschüttungen sind mir bisher nicht zuteil geworden. Und Bergaufläufer möchte ich nie werden. Mir reichte es völlig, zufällig Zeuge einer von Zermatt zum Schwarzsee hinaufhechelnden Meute zu werden. So bildet der Waldtrott meinen kleinen Zirkel, das tägliche Gegenstück zu den seltenen großen Kreisen, die ich in den Bergen ziehe.

Trottend erfahre ich, was es bedeutet, in die Jahre zu kommen. Ich erkenne die Differenz zwischen Alter und Jugend, wenn ein schneller Hirsch locker an mir vorbeispringt. Ich sehe aber auch das Fatale der Vorstellung von abgeschotteten Lebensaltern, die ein Erbe der Antike ist. Gibt es drei, sechs oder neun solcher Stufen? Gleicht das Leben einer hinauf- und wieder hinabführenden Brücke oder Treppe? Heißt Altern die Leere durchleben, wenn das Kind aus dem Haus und die Karriere vollendet ist? Sicher, ich wachse, verharre, schrumpfe, aber ich erfahre mein Leben als Prozeß, den ich begrüße. Warum auch sollte ich versuchen, die Uhr zurückzudrehen? Warum kaufe ich mir nicht wie andere Alternde Gifte und Wasserdruckstrahlmaschinen, um das Moos von den Gartensteinen zu entfernen? Hat es damit zu tun, daß ich es albern fände, durch gewaltsames Säubern der Steine so zu tun, als könnte ich mein eigenes Altern kaschieren? Warum sollten Garten und Haus nicht mit mir altern? Bedeckt Moos nicht manche meiner verschwiegeneren Pfade? Und die meisten Baumstämme im Wäldchen?

Epilog: Von Laufbüchern

«*Die bis jetzt existierenden Laufbücher
gefallen mir alle nicht so recht ...*»
(Van Aaken, *Das van Aaken Lauflehrbuch*
[Aachen: Meyer & Meyer, 1984], 12.)

Lange Jahre fristete Kenneth Coopers Anleitung zu individuell dosierbarem Bewegungstraining auf einem meiner Kraut-und-Rüben-Regale sein Schattendasein unter solchen Gesundheitsfibeln, wie sie ein körperlich Versumpfender, um sein Gewissen einzuschläfern, mit der Zeit eben erwirbt – über gesunden Schlaf und Vollwertkost, isometrisches und autogenes Training, Yoga und Meditation. Eines Tages belebte sich Coopers Nachbarschaft. Plötzlich begann ich zu lesen, was mir zum Thema unter die Augen kam. Jene Phase war angebrochen, in der ich es endgültig wissen wollte. Wenn Bücher mir helfen konnten, im Wald auf Touren zu kommen, dann jetzt oder nie. Sie erfüllten ihren Daseinszweck so gründlich, daß meine Neugier bald gestillt war. Bei der Lektüre machte ich rasch die Erfahrung des *déjà vu*: soviel Neues konnten mir die Weisen gar nicht mehr sagen. Was sollte man auch viel Aufhebens machen über das Natürlichste, was sich denken läßt? Auch erkannte ich, daß nur wenige Autoren aus der Gurugilde mich ansprachen. Es waren diejenigen, die mir ganz persönlich auf die Sprünge halfen. Was dagegen sollte ich mit Titeln anfangen wie *Pulsschlag 130* oder *Mein Abenteuer Hawaii-Triathlon* oder *Mehr als Marathon* oder *Langlauf ist unser Leben: Zweimal die Erde umrundet*? Mit *Eat to Win* oder *Eyes on the Gold* oder *Happy Feet* oder *How Road Racers Train*? So wurde es um Cooper und seine neuen Regalnachbarn bald wieder still.

Inzwischen finde ich das, was ich trabend verwirkliche, nicht nur bei den Laufmeistern, sondern auch bei der jungen Wissenschaft der Chronobiologie aufgehoben, der es um die Weisheit des Körpers und die Kräfte der Selbstheilung zu tun ist. Das erkärt, warum ich den Titel von Heiko Ernst in der folgenden Aufstellung nicht als einen Irrläufer betrachte. So steht es vor mir, das Augurenkollegium, mit seiner zwingenden Zuständigkeit:

Bartmann, Ulrich, *Laufen und Joggen* (Stuttgart: Georg Thieme, 1991)

Benyo, Richard, *Making the Marathon Your Event* (New York: Random House, 1992)

Blödorn, Manfred und Paul Schmidt, *Trablaufen: Ein Ausdauersport für Herz und Kreislauf: Training, Technik, Taktik* (Hamburg: Rowohlt, 1977)

Cooper, Kenneth H., *Bewegungstraining: Praktische Anleitung zur Steigerung der Leistungsfähigkeit* (Frankfurt: Fischer, 1970)

Cooper, Kenneth H., *Running without Fear* (New York: Bantam, 1986)

Diem, Carl-Jürgen, *Tips für Laufanfänger* (Aachen: Meyer & Meyer, 1987)

Ernst, Heiko, *Die Weisheit des Körpers: Kräfte der Selbstheilung* (München: Piper, 1993)

Fixx, James F., *The Complete Book of Running* (New York: Penguin, 1981)

Galloway, Jeff, *Galloway's Book on Running* (Bolinas, CA: Shelter Publications, 1984)

Glover, Bob and Jack Shepherd, *The Runner's Handbook* (New York: Penguin, 1985)

Hanc, John, *The Essential Runner* (New York: Lyons & Burford, 1994)

Higdon, Hal, *On the Run from Dogs and People* (Chicago: Henry Regnery, 1971)

Jost, Herbert, *Laufen* (Hamburg: Rowohlt, 1992)

Kleinmann, Dieter, *Das Laufgesundheitsbuch* (Erkrath: Edition Spiridon, 1987)

Kostrubala, Thaddeus, *The Joy of Running* (New York: Pocket Books, 1977)

Lebow, Fred et al., *The New York Road Runners Club Complete Book of Running* (New York: Random House, 1992)

Lewis, Frederick, *Young at Heart: The Story of Johnny Kelley* (Waco: WRS Publishing, 1992)

Noakes, Tim, *Lore of Running* (Champaign, IL: Leisure Press, 1993)

Rodgers, Bill and Priscilla Welch, *On Masters Running and Racing* (Emmaus, PA: Rodale Press, 1991)

Sachs, Michael J. und Gary W. Buffone, hg., *Running as Therapy: An Integrated Approach* (Lincoln: University of Nebraska Press, 1984)

Schubert, John, *Running: A Celebration of the Sport and the World's Best Places to Enjoy It* (New York: Richard Ballantine/Byron Preiss, 1992)

Sheehan, George, *Dr. Sheehan on Running* (New York: Bantam, 1975)

Sheehan, George, *Running and Being: The Total Experience* (New York: Warner, 1978)

Sheehan, George, *This Running Life* (New York: Simon and Schuster, 1980)

Sheehan, George, *Personal Best* (Emmaus, PA: Rodale Press, 1989)

Sheehan, George, *On Running to Win: How to Achieve the Physical, Mental and Spiritual Victories of Running* (Emmaus, PA: Rodale Press, 1992)

Sheehan, George, *On Getting Fit and Feeling Great* (New York: Wing Books, 1992)

Sonntag, Werner, *Spaß am Laufen: Jogging für die Gesundheit* (Niedernhausen: Falken, 1987)

Steffny, Manfred, *Marathon-Training* (Mainz: Hermann Schmidt, 1991[10])

Van Aaken, Ernst, *Das van Aaken Lauflehrbuch* (Aachen: Meyer & Meyer, 1984)

Wessinghage, Ellen und Thomas, *Laufen: Der Ratgeber für Ausrüstung, Technik, Training, Ernährung und Laufmedizin* (München: BLV, 1991[2])

Wöllzenmüller, Franz, *Richtig jogging, dauerlaufen* (München: BLV, 1979)

Unschwer könnte ich diese Sammlung wesentlich vergrößern, ja vervielfachen. Jedoch bin ich mir ziemlich sicher, daß sich die wesentlichen Impulsgeber der letzten beiden Jahrzehnte bereits unter den aufgeführten Autoren befinden, denn prägend über die Landesgrenzen hinaus haben nur wenige gewirkt, und der international einflußreichste von ihnen war kein anderer als Kenneth Cooper, mein erster echter Trottfreund. Bei näherer Betrachtung der Materie erkenne ich, daß die konsequenten unter den Autoren zwei grundverschiedenen Gruppen angehören: entweder den seltenen Überredungskünstlern, die es verstehen, das schläfrige, abgestumpfte, bewegungsfaule Volk in Gang zu bringen, und die es dann weise dabei bewenden lassen, oder den häufiger begegnenden Peitschenschwingern, die den geborenen Rennpferden permanent die Hufe heiß machen. Wer beide Ziele zwischen zwei Buchdeckel zu pressen suchte, scheiterte. Wie es auch das Laufbuch schlechthin gar nicht geben kann.

Im übrigen ist nicht zu übersehen, daß Laufen kulturell kodiert und nur aus dem gesellschaftlichen Zusammenhang erklärbar ist – wie Essen, Schlafen, Wohnen, Liebeswerben und so manches andere. Warum auch sollten Angehörige verschiedener Kulturen nicht ihre eigenen Vorstellungen von menschlicher Bewegung entwickelt haben? Das fiel mir bei der Lektüre von Tim Noakes auf, dessen enzyklopädischer Wälzer sich unter vielem anderem kurz mit den Lauftraditionen Großbritanniens und Südafrikas beschäftigt. Warum schreibt nicht jemand einmal eine vergleichende Kulturgeschichte des Laufens? Oder gar die der menschlichen Bewegung? Das wäre wünschenswert in einer Zeit, da jeder Ahasver, so er nur will, Flüge zu Marathonläufen in allen Teilen der Erde buchen kann, komplett mit Hotelzimmer und Teilnahmeberechtigung. Die wachsenden Horden dieser ruhelosen Existenzen haben mit der Kultur des Laufens nichts mehr gemein. Vielmehr entwickelten sie sich zu einem bedenklichen Symptom, das von der Psychologie zu beschreiben wäre. Und ist inzwischen nicht die globale Jagd der Stadion- und Straßenflitzer nach dem Mammon für die Ausblutung ganzer Subkulturen verantwortlich zu machen? Erst die der englischen Brauereiarbeiter, später die der Hochlandafrikaner, nun auch die der letzten Mohikaner? Berichtete nicht *Runner's World* im November 1993, ein 55-jähriger Angehöriger der Tarahumaras habe in Colorado ein 100-Meilen-Rennen gewonnen, und kündigte für die Dezembernummer mit der suggestiven Frage «Best in the world?» einen «Endurance Ethic» betitelten Beitrag über dieses vom Aussterben bedrohte Indianervölkchen im Copper Canyon Mexikos an, für das tagelange Läufe offenbar Teil seiner religiösen Riten sind? Wäre es nicht lehrreicher, von diesen Bräuchen zu erfahren als davon, wo sonst noch die armen Tarahumaras ihr Fell zu Markte tragen mögen? Oder ob es anderswo etwa noch zähere Dauerläufer gibt?

Beim abermaligen Durchblättern meiner Laufbücher frage ich mich rückblickend: Welche von ihnen inspirierten mich? Von welchen habe ich profitiert? Wodurch? Von welchen nicht? Warum nicht? Welche ließen mich kalt? Welche stießen mich ab? Inwiefern haben mir selbst die partout nicht für mich geschriebenen beim Aufspüren meiner eigenen Trottwege doch irgendwie geholfen?

Zwanzig Jahre, bevor ich mobil zu werden begann, kaufte ich Martin Mehls *Haltung! Übungen zur inneren und äußeren Aufrichtung* (Heidelberg: Quelle und Meyer, 1956), ein für seine Zeit durchaus charakteristisches Buch. Bereits der Titel mit dem auffordernden, ja kommandierenden Ausrufezeichen würde heute stutzig machen. Mehl rief alle, die, wie er im Vorwort verriet, «an sich arbeiten» wollten. *Haltung!* leitete nicht zum Laufen an. Nur ein Irrer wäre damals auf die Idee gekommen, Deutsche, die einzig der verlorenen Zeit nachjagten, auf die Strecke zu bringen. Vielmehr ging es dem Autor um rechte Einstellungen, körperliche, geistige und seelische. Nicht krumm und lässig sollte man sich halten, sondern fest und stramm, aufrecht und sittlich. *Haltung!*, dem unseligen Leib-Seele-Dualismus huldigend, suchte ein Persönlichkeitsbild einzudrillen, das die Kriegszeit problemlos überstanden hatte. Wollte man die Geschichte des inneren Schweinehundes schreiben, man müßte wohl ein Kapitel dem deutschen Faible für vertikale Kampf-und-Sieg-Ethik auf Kosten gelassener horizontaler Raumerkundung widmen. Mehl, konsequenterweise auch Konstrukteur eines Statometers, dürfte in ihm nicht fehlen.

Was mir generell gefiel

Mein erstes Buch zum Thema, noch im Jahr seines Erscheinens in deutscher Übersetzung gekauft, war Kenneth Coopers *Bewegungstraining.* Es gefiel mir auf Anhieb, weil hier ein lauferfahrener Sportmediziner Menschen aller Altersstufen ernst nahm, gesunde wie kranke. Als jemand, der endlich von seiner sitzenden Lebensweise loskommen wollte, fühlte ich mich von Cooper für voll genommen und vernünftig beraten und nicht wie von anderen Gurus anfangs als drollige Randfigur bestenfalls toleriert und schließlich kurzerhand als *Radiergummi* (wie Steffny, dem es um die beim Marathonlauf vorn laufenden *Bleistifte* geht, die hinterher Tappenden klassifiziert) ganz fallengelassen. Coopers einflußreiche Grundidee war die der behutsamen Wiedererweckung und Ausbildung des menschlichen Dauerleistungsvermögens. Zu diesem Zweck bot er Bewegungswilligen aller Alters- und Leistungsstufen individuell durchdachte Trainingsprogramme fürs Laufen, Schwimmen, Radfahren und Wandern an. Er befaßte sich mit den physiologischen Folgen des Trainings und machte gerade auch klinischen Fällen Hoffnung. Für Menschen, die schlicht das Bedürfnis haben, sich wieder mehr zu bewegen, die sich mit Regeln anfreunden können und ihre Leistung gern in Form von Punkten bestätigt sehen, ist Coopers Einführung sicherlich noch heute lesenswert. Manches habe ich aus ihr gelernt. Wenn ich auch Coopers Übungsprogramme nie einhielt, da mich akribisches Messen menschlicher Leistung anödet, so erschienen sie mir doch prinzipiell sinnvoll.

Im Übergang von der Gründerphase zur klassischen Periode der modernen Laufliteratur gefiel mir Hal Higdons *On the Run from Dogs and People*, das später überarbeitete anekdotische Dokument eines zu seiner Zeit zweitrangigen Professionellen. Higdon besitzt die bei Laufgewerbetreibenden eher selten begegnende Fähigkeit, sich selbst nicht ganz ernst, ja bisweilen auf den Arm zu nehmen. Sein Erstling stammt aus jenen Tagen, da Polizeistreifen noch Straßenläufern nachstellten, weil sie in ihnen flüchtende Einbrecher oder entsprungene Häftlinge oder Irre oder womöglich gar Exhibitionisten vermuteten. Die Lektüre versetzte mich zurück in meine frühen Amerikajahre, als ich selbst nicht im Traum dachte, ich könnte mit diesen sporadischen Exoten je etwas gemein haben.

Was mir als Trottanfänger half

Coopers Buch fand auf meinem Regal seinen Ehrenplatz neben einem zerlesenen Bändchen, George Sheehans *On Running*. Hätte ich vor Jahren nur ein Laufbuch auf die berühmte Insel mitnehmen können, es wäre *On Running* gewesen, weil einige seiner Kapitel damals stark an mich appellierten. Wann immer meine Motivation erlahmen wollte, verlieh mir dieser frühe und beste aller Sheehans Flügelchen. Coopers Fibel ist ein Produkt der sechziger Jahre. Sie behandelt körperliche Leistungsfähigkeit im sterilen physiologisch-medizinischen Raum. Sie informiert, aber sie motiviert allenfalls indirekt, über Zahlen. Sie wendet sich an die Vernunft, aber ihr fehlt die Seele. Die Konfession des Kardiologen Sheehan ist ein Erzeugnis der siebziger Jahre. *On Running* fragt, ob es ein Leben nach der Geburt gebe. Für den knorrigen Individualisten irischer Herkunft, auf die er sich zeitlebens einiges zugute hielt, mit zwölf Kindern, in deren Mitte ich mir diesen eigenbrötlerischen Egozentriker eigentlich nie so recht vorstellen konnte, ist der Läufer der mit dem *status quo* unzufriedene Mensch, der durch sein bloßes Tun den Lebensstil derer kritisiert, die ihn beobachten.

Sheehan bringt es fertig, Alternde zum Aussteigen aus dem Einerlei ihrer perspektivearmen Existenz anzustiften. Er ermutigt sie zu einem Neubeginn, der, beim Körper beginnend, über kurz oder lang den ganzen Menschen umfaßt. Aus *On Running* spricht ein weiser Einzelgänger, der später durch seine medizinischen Kolumnen in Laufzeitschriften wie durch seine Vorträge im ganzen Lande zum Nationalapostel aufstieg und durch sein Beispiel den hohlen Lebensstil der *upward failures* und ihrer Nachfolger, der *yuppies* und der *dinks*, dekuvrierte.

Ein Gutteil von Sheehans Überzeugungskraft liegt in seiner inspirierenden Subjektivität und in seinem nüchternen, humorvoll-trockenen, selbstironischen Stil. Ohne medizinischen Jargon, ohne Trainingstabellen lockt er sein Publikum aus dem Sessel und begleitet es durch ein ganzes Trottleben. *Running and Being* fügt dem früheren Werk kaum Neues hinzu, besticht jedoch durch fast gleichwertige Qualitäten. Da ich den ersten Band mochte, freundete ich mich auch mit dem zweiten an. Wiederum begegnete ich einem laufbesessenen Sonderling, der viel las und nachdachte, bevor er zum Stift griff. Allerdings begann er bereits hier, von geborgter Weisheit zu leben. Sheehans medizinische Kompetenz beruhigt den lesenden Laien, obwohl der Autor es an keiner Stelle nötig hat, den Fachmann hervorzukehren. Diese beiden Bücher Sheehans gehören für mich zu den besten ihrer Art. Gleich seinen Zunftgenossen nahm Sheehan an Straßenrennen und Marathonläufen teil und stellte immer wieder Altersgruppenrekorde auf. Aber er will mich nicht auf eine schnellere Zeit über eine x-beliebige Distanz trimmen, sondern mich an einem Leben teilnehmen lassen, das sich durch die Wiederbesinnung auf den Körper vom kranken *way of life* der Überflußgesellschaft absetzte.

Leider steigerte sich Sheehan, der seine Karrierespur erst als Mittvierziger verließ, mit fortschreitendem Alter zum einem leistungsbesessenen Straßenrennenroutinier mit ausgeprägter Wadenbeißermentalität, im ganzen Land bald bekannt wie ein bunter Hund. Schließlich, als eine schwere Erkrankung ihn erschütterte, verwandelte er sich in eine unfreiwillige Parodie seines früheren Selbst. Der diagnostizierte Krebs paßte nicht zur internalisierten Botschaft, auch für den Läufer gehe es immer weiter geradeaus. Den Fortschritt als Illusion zu entlarven und sich dem natürlichen Kreislauf des Lebens einzufügen vermochte Sheehan nicht. Der Ire in ihm verlor gegen den Amerikaner. So wurde der Widerständige im Schlagschatten des Todes zum konzilianten, geschwätzigen Greis. All das, was man sich besser nicht einfallen läßt, wenn man in die Jahre kommt, bei Sheehan kann man es lernen, denn er machte es sich zur Maxime und klammerte sich daran. Wenn er schon nicht mehr mit den Allerschnellsten konkurrieren konnte und sich im Pulk der Ächzenden immer weiter nach hinten durchgereicht sah, dann langte es vielleicht noch zur Nummer eins in der jeweils erreichten Altersriege. Warum sollte er, der schnelle Opa, nicht nach einer flinken Oma spähen, um mit ihr in jenem *Trevira Twosome* zu brillieren, an dessen Ende sich die Siegerzeit aus der Addition der beiden Einzelresultate ergab? Wenn ihm schon das Laufen immer schwerer fiel, konnte er dann nicht als Triathlet noch anständig punkten oder als Radrenner auf feinstem japanischem Gerät seinen Mann stehen? So ward der Knurrhahn in seinen späteren Büchern zum schnurrenden Kater, wie dieser seinen Napffüllern schmeichelnd und allen eine neue Frohbotschaft verkündend, die seine ursprüngliche verriet. Wir sehen Sheehan durchs Land fliegen, hören ihn auf Kongressen rundbäuchigen Infarktnahen nach dem Mund reden, so sie nur bereit sind, irgendeinen Sport zu betreiben, gleich welchen. Schlimmer noch: in dem Bemühen, Freund Hein eine Weile die kalte Schulter zu zeigen, suchte Sheehan sich nun durch sisypheische Anstrengungen vorzugaukeln, dem Schnitter ein Schnippchen schlagen zu können. So saß der Thoreau der amerikanischen Gurus letztendlich dem Illusionismus des *forever young* seiner Kultur auf, aus der er sich dreißig Jahre zuvor ausgeklinkt hatte. Schließlich machte der Sterbende sogar seinen Tod zu einem Erfolgserlebnis. Er habe sich, las ich in der Dezemberausgabe 1993 von *Runner's World*, der letzten Gipfelerfahrung verschrieben. Als das Bekenntnis erschien, war er bereits tot.

Fast ebenso gern wie die beiden ersten Bücher Sheehans las ich *The Complete Book of Running* von James Fixx, das mir durch seinen bereits erwähnten Fragenkatalog vielleicht den größten äußeren Schub verlieh, als ich einen solchen benötigte. Nachdem Fixxens spektakulärer Tod Schlagzeilen gemacht und den hämischen Slogan «Runners die fitter» hervorgetrieben hatte, schrieb Kenneth Cooper *Running without Fear*, um Neulingen die durch den Presserummel verursachte Angst zu nehmen, sie könnten wie Fixx beim Laufen tot umfallen. Fixx versteht es, Anfänger zu motivieren, gerade auch die Übergewichtigen und Kranken unter ihnen. Er erklärt ihnen, warum das Laufen anderen Ausdauersportarten vorzuziehen sei, und wendet sich, stärker leistungsorientiert als der frühe Sheehan, wie dieser recht konsequent an Allerweltsläufer. Fixx vermittelte mir das gute Gefühl, das Maß der Dinge liege in der Mitte. Das haben die Menschen im Prinzip schon immer gewußt, aber die Weisen mußten es ihnen immer wieder sagen, und wie andere habe auch ich mich von der Richtigkeit dieser Maxime erst ganz persönlich überzeugen müssen. Dank Fixx gelang mir das. Die thematische Vollständigkeit seines Buches, das sich in überarbeiteter Form noch heute gut verkauft, rechtfertigt den anspruchsvollen Titel durchaus. Faszinierend fand ich die beiden Kapitel über Fixxens Empfindungen beim Absolvieren des *Boston Marathon* und über einen aus der Dr. Watson-Perspektive geschilderten Trainingslauf mit dem gefeierten Bill Rodgers. Nüchterner geschrieben, aber ähnlich abgerundet ist Jeff Galloways *Book on Running*, ein grundvernünftiges Lehrbuch, das nach den Ambitionen der Lernenden gestaffelt ist und für jeden Typ konkrete Ratschläge bereithält, ja gerade zum Experimentieren und zur Zusammenstellung ganz individueller Laufprogramme einlädt. Galloway verbindet Fixxens Offenheit für die verschiedensten Zielvorstellungen mit der Tabellengläubigkeit der weiter unten erwähnten Marathonbibeln und kommt der Idealform des Genres recht nahe.

An vierter Stelle nenne ich *The Runner's Handbook* von Bob Glover und Jack Shepherd. Verglichen mit Fixxens Fibel ist diese Anleitung zwar nüchterner, aber noch geschickter als jene aufgebaut. Amerikaner verstehen sich nun einmal auf die Kunst des Handbuchmachens. Glover und Shepherd berücksichtigen Kinder und Greise, Trotter und Raser, Alkoholiker und Asthmatiker. Sie lassen kaum etwas aus, das geeignet wäre, aus Novizen gestandene Läufer zu machen. Sie geben detaillierte Informationen und Anleitungen bis hin zur besten Methode, mit revierverteidigenden Bellos fertigzuwerden, und heben kurzatmige Neulinge, zeigen sie sich nur hinreichend leidenswillig, unerbittlich aufs Marathonpodest, ohne andererseits auf solche Individuen wie dich und mich herabzusehen, die nichts weiter im Sinn haben als den stillen, feierlichen Rundtrott.

Nächst diesen Gurus haben mir, mit einigem Abstand, sieben weitere Experten auf meinem langen Weg in den kleinen Wald geholfen. An erster Stelle nenne ich Ulrich Bartmanns *Laufen und Joggen*, ein spärliches, im deutschsprachigen Raum mangels Besserem jedoch keineswegs von der Hand zu weisendes Bändchen. Es gefiel mir durch den frischen, persönlichen Blick aufs Thema. Als Psychologe verfügt der Autor über verhaltenstherapeutische Erfahrung in einem psychiatrischen Krankenhaus. Er geht, freilich etwas schematisch, auf die psychische Seite des Trottens ein, widmet Frauen, Kindern und Alten angemessen Beachtung und bringt nur gegen Ende einige entbehrliche Tabellen. Bartmann interessiert der Dauerlauf und nicht das möglichst schnelle Durchmessen der Marathonstrecke.

Hätte er weniger zimperlich und schablonenhaft, dafür noch subjektiver und engagierter geschrieben, vielleicht wäre ihm das erste Trottbuch in deutscher Sprache gelungen.

An zweiter Stelle erwähne ich Werner Sonntags *Spaß am Laufen*. Der Verfasser, der alle notwendigen Voraussetzungen mitbringt, versucht erfreulicherweise, in den Gegenstand mit dem Mittel der Sprache einzuführen und nicht mit der in vielen hierzulande erschienenen Büchern vorherrschenden Unsitte, das Argument zu ersetzen durch nichtssagende, unverbundene, in greller Optik dargebotene Tabellen, Skizzen und Fotos von beneidenswerten Gazellen und gelegentlichen Schreckensbildern von Elefanten. Sonntag geht behutsam vor. Er sucht zögernde Neulinge für das Trotten zu erwärmen, begegnet Einwänden, zerstreut Zweifel, gibt vernünftige Ratschläge. An keinem Punkt originell, ist das Buch doch eines der ganz wenigen deutschen, die mir gefielen. Auch die schlichten Schwarzweißfotos stützen Sonntags Anliegen. Drittens wäre *The Essential Runner* von John Hanc zu nennen. Zwar könnte Hanc seinem im nächsten Abschnitt genannten Kollegen Kostrubala den Rang als größter Langweiler aller amerikanischen Laufbuchautoren durchaus ablaufen, aber sein gut illustriertes Büchlein bietet immerhin konzentriert die geballte Weisheit der Gurus. Und Hanc liefert Stoff für das US-amerikanische Kapitel der ungeschriebenen Kulturgeschichte des Laufens.

Gegenüber Bartmann, Sonntag und Hanc fällt Herbert Josts bereits stärker dem Tabellenwahn verfallenes *Laufen* deutlich ab. Wer sich überzeugen lassen will, daß Laufen dem Menschen guttue, um sich dann selbst auf die Socken zu machen, sucht Inspiration kaum in einem Lexikon. Josts Werk fehlt die rechte Motivationskraft. Der Autor, seines Zeichens aktiver Bergläufer, unternimmt zuviel. Er schreitet ein weites Spektrum ab, das ihn im Grunde herzlich wenig interessiert. Es fehlt der Götterfunke. Wie in den meisten aus deutscher Feder stammenden Laufbüchern suchte ich bei Jost vergebens nach einem Mittelpunkt, der dem eigentlichen Anliegen des Verfassers Schwung verliehe. Solchen Büchern fehlt die Seele. Vermutlich könnten ihre Autoren genauso überzeugend über die Peristaltik des Dünndarms schreiben. Benötigte ich ein noch stärkeres Schlafmittel, ich griffe abermals unbedenklich zu Thaddeus Kostrubalas *The Joy of Running*, denn bereits bei der ersten Lektüre fielen mir im zweiten Kapitel die Augen zu, vermutlich weil ich über etwas gerade Gelesenes zu lange reflektierte: daß sich nämlich die Zeit, welche der *homo sapiens* bereits in seinen Städten herumsitzt, zu der davorliegenden, die er jagend, sammelnd und wandernd verbrachte, wie 1:600 verhalte. Das gab mir zu denken, und so rechtfertigte sich der Kauf des immerhin wohlfeilen Bändchens.

Obwohl in floskelhaftem Deutsch verfaßt, unnötig leistungs- und erfolgsbetont, mit einschläfernden physiologischen Details befrachtet, von einer verräterischen, mich demotivierenden Willensethik durchsetzt, männliche Muskeln gegenüber fraulichen sexistisch ausspielend und Schlag auf Schlag von Punkt zu Punkt hastend, habe ich aus Diems *Tips für Laufanfänger* doch das eine oder andere gelernt. Das Büchlein verfällt wenigstens nicht in den Fehler, sein Zielgrüppchen zu überfordern. Andererseits schlägt Diems Leistungspendel unnötig weit aus, wenn er die blöde Wendung «hoch ausdauertrainiert» für diejenigen reserviert, die die Marathondistanz in weniger als 2:15 oder die 100 km in weniger als 7 Stunden «bewältigen». Wer könnte das schon von sich sagen? Weshalb setzt Diem Neulingen derlei Unerreichbares und von ihnen wohl auch gar nicht Angestrebtes vor die Nase? Warum hat er nicht wenigstens ein einziges Mal versucht, seiner eigenen Frau hinterherzulaufen, um auch sie einmal die Freuden unangestrengter Bewegung in aller Ruhe entdecken zu lassen, anstatt es ihr (wie anderen Anfängern) als Gruppenleiter «zu beweisen», daß die «es schafft»? Was wäre da eigentlich zu beweisen? Und weshalb sollten Trottende etwas schaffen? Beseelte solcher Ungeist alle Lauftreffbeauftragten, von denen Diem einer war oder noch ist, ich sähe düster für das auf diese Weise zur Strecke gebrachte deutsche Volk. Aber wie gesagt, Laufen erscheint eben stark kulturell kodiert, und hier stieß ich auf eine ungute, deutsche Chiffre. Bereits Diems vom Wagen und Schaffen, von Stärke und Erfolg durchsäuertes Vorwort schreckte mich ab.

John Schuberts ästhetisch ansprechendes *Running* schließlich, das ich zusammen mit Benyos Marathonbuch im Herbst 1992 in den USA erstand, bildet einen versöhnlichen Abschluß dieser Gruppe. Der Autor, auf dessen Visitenkarte eine Marathonzeit von 2:36 steht, die ihm den Zutritt zu Diems Olymp verwehrte, begleitet seine Leserschaft über die lange Strecke von ersten Stolperern bis zur hehren Distanz. Er ermutigt Trottende mehr als solche, die um die Wette laufen. Schubert gibt sich bar jeder Verbissenheit. Und er schreibt persönlich.

Was über meine Hutschnur ging

Ellen und Thomas Wessinghages *Laufen*, das bei eingehender Betrachtung in zweifacher Hinsicht auseinanderfällt, hätte für eine anspruchsvolle deutsche Trottwelt durchaus zum Standardwerk avancieren können, denn noch hält der Appellwert des einstigen Läuferpaares vor, zumindest bei Älteren. Leider beschränken sich meine Erinnerungen auf Abbildungen bewundernswert gestählter Körper in Aktion, oft dem des Verfassers höchstselbst. Ich sah Wessinghage mit Markus Ryffel und Dietmar Millonig einen Hügel hinauflaufen. Viel mehr fiel für mich indessen nicht ab. Das Buch beginnt mit einem laufhistorischen Abriß, der in mir kurz Hoffnung weckte, bis ich meinte, die lückenhafte Mitschrift eines alten sportgeschichtlichen Kollegs zu lesen. Den Typus des Trotters, der hier «Gesundheitssportler» und «gesundheitsorientierter Läufer» genannt wird, läßt das Meisterduo bald hinter sich. Der so Apostrophierte begreift, Ehrgeizigeren neidlos hinterherblickend, die Enteilenden als seine krankheitsorientierten Antipoden. Diesen Leichtfüßigen gelten die Trainingstabellen berühmter Läufer (einschließlich der Einblicke in das Tagebuch Wessinghages), die oft genug als Weltklasseathleten hervorgehoben werden. Es folgen Kapitel über Körperschule, Wettkampf, Ernährung und so fort für das Grüppchen der zur erfolgreichen Vermarktung ihres Leibes Geeigneten. Das Buch hat mich maßlos enttäuscht. Auch Willi Daumes Vorwort.

Ehrgeiz treibt Läufer wie Läuferinnen ja immer weiter, auch immer höher. Bergläufe sind eine Angelegenheit für sich geworden, und sie haben ihre eigene Literatur hervorgebracht. Der (derzeit) (end)gültige Test scheint der 100-km-Lauf zu sein, eine für einen armen Trotter wie mich unvorstellbare Strecke. Und ich bin mir nicht so sicher, ob größere Distanzen nicht nur noch eine Frage der Zeit sind. Kürzlich las ich von einem dreifachen Ultra-Triathlon. Das Prinzip ist ganz einfach. Man multipliziert die Standardstrecken mit drei und erreicht so 11,4 km fürs Schwimmen, 540 km fürs Radfahren, 126,6 km fürs Laufen. In Grenoble kam der schnellste Mann, ein Österreicher, nach 33:28:16 Stunden ins Ziel, die schnellste Frau, eine Deutsche, nach 40:19:28 Stunden. Ist es nicht nur noch eine Frage der Zeit, daß man mit vier und mit fünf multipliziert? Indessen wird die klassische Strecke zunächst wohl der Marathonlauf bleiben. Austragungswillige Metropolen, ein dankbares, buntes Treiben, aufgeschlossenes Publikum, profitorientierte Reiseunternehmen und insbesondere ein Überangebot leidenswilliger Gladiatoren jeden Alters und

Geschlechts sind die Garanten seines wachsenden Erfolgs. Wenn, wie Manfred Steffny in *Marathon-Training* schreibt, in Deutschland erst 1 Prozent der *Jogger* auf die Spitze dieser Pyramide geklettert sind, so schicken sich vermutlich immer mehr an, diesen nachzukrabbeln. Eines Tages wird die Pyramide noch Kopfstand machen. Woher nehmen die Akteure dann die Applaudierenden? Auch ist die Faszination dieses Szenarios für die in ihm Agierenden schlichtweg unüberbietbar. Wie vielen unter den Zehntausenden, die an einem Berliner, Londoner oder New Yorker Marathon teilnehmen, würde es schon gelingen, unter den Augen applaudierender Massen im Stadion die 5000 oder die 10000 m zu laufen? Beim Marathon wird, wie ich immer wieder lese, auch der letzte zum gefeierten Helden. Aber natürlich geht's nur ganz vorn ums Ganze, Eigentliche, Große und wirklich Lohnende. Ist die Zeit wirklich noch fern, frage ich mich, da man den spitzesten der Bleistifte individuelle Startlöcher gräbt und ihnen einen Hasen vor die Nase setzt, vielleicht gar alle 10 km einen frischen? Da man unter den ungezählten Radiergummis wenigstens durch konsequentes *color coding*, etwa im Fünfjahresabstand, eine gewisse optische Strukturierung schafft, damit die Gaffer auch wissen, woran sie mit einem vorbeikeuchenden Individuum sind? Ist es ein lascher Endvierziger oder ein geiler Jungfünfziger?

Steffnys international erfolgreiches Lehrbuch ist in seiner Art vorbildlich, überlegt aufgebaut, wohlproportioniert, gut geschrieben, instruktiv illustriert. Es wendet sich an Talentierte, baut auf einem die Spreu vom Weizen knallhart sondernden 1000-m-Test auf, verhält sich gegenüber den Talentlosen erbarmungslos, läßt andererseits selbst den 2:10-Mann nicht im Stich. Schlicht Dahertrottende lesen es wie eine Sage aus der Welt der Giganten, nicht ganz ohne Vergnügen, erfahren sie doch über dieses fremde Urgeschlecht allerlei Neues. Solche Zaungäste mögen auch Gefallen finden an Bill Rodgers' und Priscilla Welchs *On Masters Running and Racing*, einem persönlicher gehaltenen kurzweiligen, wenn auch kaum Lebensfreude vermittelnden Buch zweier bekannter Langstreckenspezialisten, das eine brauchbare Trainingsanleitung vor allem für alternde Aktive bietet, die den Gedanken an den Marathon nicht aufgegeben haben.

Richard Benyos *Making the Marathon Your Event* fügt sich Steffnys Standardwerk als ebenso lesenswertes Lehrbuch für Ehrgeizige wie als Unterhaltungsband für Randständige an. Mir gefiel es, weil es den Marathon nicht in erster Linie als Sache des Trainings sieht, sondern als Lebensform. Außerdem wirbt Benyo im Unterschied zu den meisten deutschen Gurus mit Worten. Ähnlich wie Steffny, aber geschickter, führt Benyo die Adepten Schritt für Schritt an das große Ziel heran. Damit wird das Buch wie das Steffnys über weite Strecken notwendigerweise technisch und tabellarisch. Marathonläufer heben sich nun einmal in wesentlichen Lebensbelangen von gewöhnlichen Sterblichen ab. Am besten haben mir die Skizzen berühmter Karrieren im 17. Kapitel gefallen, diejenigen von DeMar, Zatopek, Bikila, Clayton und Grete Waitz. Am Schluß beschreibt Benyo die amerikanischen Marathonstrecken und kommentiert die englischsprachige Laufliteratur.

Einer Sonderabteilung können sich solche Ambitionierte zuwenden, die medizinischer Aufklärung bedürfen. Dieter Kleinmanns recht planlos zusammengetragenes *Laufgesundheitsbuch* referiert fundiert und informativ wissenschaftliche Erkenntnisse. Es wendet sich eigentlich an die trottende (oder zumindest an die Trottenden beistehende) Ärzteschaft oder aber an unter Fettsucht, Haut-, Blut- und Urinveränderungen oder ähnlicher Unbill Leidende. Der von Michael J. Sachs und Gary W. Buffone herausgegebene und von Psychologen, Psychiatern und Psychotherapeuten verfaßte Sammelband *Running as Therapy* eröffnet Einblicke in seelische Bereiche. Staubtrocken, wie experimentalpsychologische Aufsätze nun einmal zu sein pflegen, hat mich das Buch über weite Strecken angeödet, durch seine Befunde aber auch in praktisch allem bestätigt, was ich in meinem Wäldchen so treibe.

Was mir mißfiel

Trablaufen von Manfred Blödorn und Paul Schmidt, eine aus der Zusammenarbeit eines Sportjournalisten mit einem ehemaligen Mittelstreckler entstandene Einführung für Laufanfänger, strahlt den Charme eines schlechten Lexikonartikels aus. Von vorn bis hinten Text und Argument durch isolierte Tabellen und Statistiken ersetzend, dürfte diese seelenlose Kompilation es schwer gehabt haben, selbst jene auf die Bahn zu bringen, die lesend bis zum bitteren Ende durchhielten. Ähnlich unbefriedigend fand ich Franz Wöllzenmüllers schon durch ihren gedankenlosen Titel abschreckende Darstellung *Richtig jogging, dauerlaufen.* Das bunt und nichtssagend illustrierte Büchlein (wen interessiert z. B. an den beiden blutunterlaufenen Muskelmenschen der zweimal angezeigte Deltamuskel, wenn man nirgends erfährt, aus welchem Grund er gezeigt wird?) zerfällt in eine schematisch auf Trainingspläne fixierte unverbundene Schnellrezeptur für alle Typen vom Anfänger bis zum Marathonläufer. Letzterem wird auf einer einzigen Seite ein tabellarischer Trainingsmonat zusammen mit der Empfehlung vorgesetzt, «jährlich höchstens 3–4 Wettkämpfe» zu absolvieren. Was sollte er wohl damit anfangen?

Würde mich jemand nach einem Rezept fragen, wie man ein möglichst schlechtes Sachbuch über einen x-beliebigen Gegenstand produziert, ich hätte bis vor kurzem zur Nachahmung nur ein Beispiel empfehlen können. Nun sind es deren zwei. Ohne Zögern würde ich zunächst van Aakens *Lauflehrbuch* nennen. Entsetzlicheres läßt sich kaum vorstellen. Das Machwerk wurde nach dem Tode des Autors aus verstreut erschienenen Aufsätzen dieses ebenso bedeutenden wie problematischen Gurus dermaßen stümperhaft zusammengeworfen, daß ich den Kauf fast auf der Stelle bereute. Dann sagte ich mir, daß sich dieser Mensch, ein offenbar leicht beleidigter, besserwisserischer, zur Selbstbeweihräucherung neigender Querulant, gegen das, was sein Verleger aus einem zerstückelten Lebenswerk gemacht hat, nicht mehr wehren konnte. Inzwischen habe ich mich an die Existenz dieses auch optisch abstoßenden Werkes auf meinem Regal gewöhnt, weil ich zumindest seine Grundidee vernünftig finde, obwohl bereits der Titel völlig irreführend ist. Van Aaken verficht die Ausdauermethode, d. h. die These, daß regelmäßiges, wenn möglich tägliches langsames Laufen über lange Distanzen allen Menschen nütze, Sprintern ebenso wie Mittelstrecklern, Marathonläufern und auf Schmerzen jenseits aller Vorstellung abonnierten Masochisten, daneben auch Menschen wie dir und mir. Das alles ließe sich spielend in einem einzigen Satz des Inhalts zusammenfassen, man solle langsam, aber ausdauernd laufen und bedenken, daß es allein auf die zurückgelegte Strecke ankomme. Van Aakens Einsichten sind laufhistorisch bemerkenswert. An Einfluß stehen sie vielleicht nur denen Coopers nach, denen sie durchaus verwandt sind. Eigentlich wendet sich dieses postume Werk weder an Lauflaien noch an Laufexperten. Vielmehr rechnet es mit jenen Funktionären ab, die in den sechziger Jahren im deutschen Hochleistungssport das Tempo- und Intervalltraining durchsetzten. Freilich haben diese Widersacher van Aakens ihre irdische Bahn weitgehend vollendet und können nicht mehr ungeschehen machen, was sie an ihren Schützlingen einst verbrachen.

Sündigt van Aakens *Lauflehrbuch* durch gekonnten Dilettantismus, so scheitert das von Fred Lebow inspirierte *Complete Book of Running des New York Road Runners Club (NYRRC)* an seinem gut geölten Perfektionismus. Auf den ersten Blick wirken die 44 Kapitel und der Riesenappendix (mit Anschriftenverzeichnissen für Ernährungs- und Gesundheitsberatung und Laufclubs, mit Bücher- und Zeitschriftenlisten, mit Aufstellungen der Rekordzeiten für den *New York City Marathon*, den *Runner's World Midnight Run*, die *Fifth Avenue Mile*, den *Trevira Twosome 10-Mile Run*, den *Advil Mini Marathon*, das *Empire State Building Run-Up*, mit nationalen und internationalen Marathonkalendern, Rennen *for women only* und so fort) verführerisch. Hier, dachte ich, als ich die Schwarte auspackte, findest du alles über Training, Wettkampf, Psychologie, Ausrüstung und was das Herz begehrt. In der Tat sah ich mich einem Kompendium konfrontiert, in das die geballte Weisheit von 55 Gurus eingegangen ist, unter ihnen kein geringerer als Tom Brokaw, der nationale Nachrichtenonkel, aber auch der von der giftigen Dubliner Töle niedergestreckte Eamonn Coghlan, dazu George Sheehan, Frank Shorter, Grete Waitz und andere Lauflichter. Goldene Worte all dieser Olympier sind in diesem Werk verewigt. Je weiter ich jedoch las, um so mehr begann mich zu schaudern. Diese aus dem Schatzkästchen der Weisen geklaubte Beute stellte sich mir immer mehr dar als anwiderndes Überlebensbuch für einsame Asphaltwüstenbewohner, alte wie junge, gesunde wie kranke. Auch Edward Hopper war, obwohl sein Name nicht auftauchte, an diesem Opus für Nachtfalken beteiligt. Alle sollten sie den Weg zum *NYRRC* finden, dem größten Laufverein der Welt, dem Licht in der Finsternis, in seine *running classes* («running with the class is safer on dark winter evenings»), auf die von ihm ausgeschilderten Rennstrecken, an deren Ende allen Mühsamen und Beladenen der erste Preis winken würde. Ein Buch zum Abgewöhnen. Zugleich eins, das reichlich Stoff böte für die ungeschriebene Kulturgeschichte des Laufens im nordamerikanischen Osten, zumindest was die von Boston bis Washington, DC, reichende Megalopolis betrifft.

Herbert Jost, «Laufen»
(8655)

Training und Gesundheit, die richtige Ausrüstung, die richtige Lauftechnik, das Lauftraining vom Anfänger und Gesundheitssportler bis zum Könner, spezielle Trainingsformen vom Krafttraining über Stretching bis zum Höhentraining. Das spezielle Training, die wichtigsten Langlaufdisziplinen vom Marathon bis zum Berglauf. Tips zur richtigen Ernährung, Laufsportverletzungen und Schäden und ihre Vermeidung, Psychotraining für Laufsportler und vieles mehr. Ein Handbuch für alle Läuferinnen und Läufer.

Jack Heggie, «Besser laufen»
(8664)

Sie können besser laufen: weiter, schneller, schonender, mit weniger Aufwand und ganz ohne Beschwerden. Und was noch besser ist, das alles läßt sich in kürzester Zeit erreichen, indem Sie mit dieser sanften Trainingsmethode lernen, Ihren ganzen Körper zum Laufen zu gebrauchen, nicht nur Beine und Füße.
Dieses Buch zeigt Ihnen die fundamentalen Erkenntnisse guten Laufens, unabhängig davon, ob Sie Freizeitjogger, ambitionierter Marathonläufer, Langstreckler oder Sprinter sind. Diese ungewöhnliche Übungshandlung erweckt auf faszinierende Weise die latenten Fähigkeiten Ihrer Muskulatur zum Leben. Entdecken Sie eine neue Dimension des Laufens.

rororo sport zum Thema

Jean Couch, «Yoga für Läufer»
(9402)

Dieses Buch bietet allen Läuferinnen und Läufern einen sicheren und leichten Weg zur Fitness für Körper und Geist. Das umfassende Programm verhilft zur Steigerung der sportlichen Leistungen, indem es Ihr Körperbewußtsein entwickelt, die Ausgewogenheit von Beweglichkeit und Kraft herstellt, Ihre Konzentration steigert, Ihre Energie verbessert und Ihre Streßtoleranz erhöht. All dies unabhängig davon, ob Sie Leistungs- oder Fitness-Sportler sind.

Wolf Hellwing/Walter Kuchler, «Skiwandern»
(8692)

Skiwandern ist Volks-Wintersport Nummer 1, und dieses Buch zeigt, was man wissen muß und was man erleben kann: Wie der erste Versuch und der tägliche Spaziergang erfolgreich gestaltet werden können, wie man sich von der kleinen zur großen Wanderung steigert und wie sportlich Ambitionierte ihre Trainingsrunde aufbauen können. Außerdem hilft eine Ausrüstungsberatung Einkaufsfehler vermeiden, außerdem bekommt man Tips für die Vorbereitung. Die Techniken werden mit vielen Farbfotos und insbesondere über emotionale Erlebnisbeschreibungen leicht eingängig vermittelt.

Gustav Harder, «Bergwandern»
(8635)

Bergsport- und Himalaja-Experte Gustav Harder zeigt, wie man schon zu Hause Lust aufs Wandern bekommt, denn man sollte wissen, wie man ausgerüstet sein sollte, was man am besten einpackt, wie man Wanderrouten plant, wie man Karten richtig liest und sich im Gebirge orientiert, wie man sein angemessenes Tempo findet und richtig auf und ab steigt, welches Verhalten die Sicherheit erhöht und was bei Unfällen und Gefahren zu beachten ist. Außerdem bietet das Buch eine kleine Wetterkunde für Einsteiger.